V&R

Christiane Wieder

Die Psychoanalytikerin Lou Andreas-Salomé

Ihr Werk im Spannungsfeld zwischen Sigmund Freud und Rainer Maria Rilke

Vandenhoeck & Ruprecht

Umschlagfoto © Lou-Andreas-Salomé-Archiv; mit freundlicher Bereitstellung von Dorothee Pfeiffer

Bibliografische Information der Deutschen Nationalbibliothek

Die Deutsche Nationalbibliothek verzeichnet diese Publikation in der Deutschen Nationalbibliografie; detaillierte bibliografische Daten sind im Internet über http://dnb.d-nb.de abrufbar.

ISBN 978-3-525-40171-2
ISBN 978-3-647-40171-3 (E-Book)

Satz: Schwab Scantechnik, Göttingen
Druck und Bindung: ⊕ Hubert & Co, Göttingen

Inhalt

Vorwort

Bei Lou Andreas-Salomé handelt es sich um eine auf phänomenale Weise magische Gestalt der frühen Psychoanalyse im unmittelbaren Umkreis von Sigmund Freud; und ihre Begegnungen mit Friedrich Nietzsche, die enge Nähe zu Rainer Maria Rilke und das entstandene Dreieck mit Rilke und Freud fordern Phantasie, Intuition und geistige Fokussierung heraus, um dieser Ausnahmepersönlichkeit gerecht zu werden.

Christiane Wieder unternimmt mit diesem Buch nichts weniger als die längst überfällige Korrektur einer einseitig geprägten Geschichtsschreibung. Denn zumeist gilt Lou Andreas-Salomé, zu deren Geburt schon der russische Zar gratulierte, nur als »Muse« berühmter Männer.

Bei der Beschäftigung mit dem psychoanalytischen Werk von Lou Andreas-Salomé zeigt sich, dass wesentliche Aspekte von ihr in einer Weise publiziert wurden, dass die darin enthaltene latente Kritik an Sigmund Freud mehr zwischen den Zeilen als in deutlicher, diskursiver Form ausgesprochen wurde. Die Autorin geht den Hintergründen dieser Problemlage nach und begibt sich damit auf ein in wissenschaftlicher Hinsicht kompliziertes Terrain, da für die Bearbeitung der Problematik häufig nur intuitive bzw. philosophisch-analytisch schwer formulierbare Aspekte zu berücksichtigen sind.

Mit einer ausgewiesenen Kenntnis der Person, der wenigen verstreuten Schriften und ihrer zahlreichen Briefe zeichnet die Autorin Andreas-Salomés psychoanalytisches Werk im Spiegel ihres lebensgeschichtlichen Wirkens detailliert nach. In diesem »Nachschreiben« eines aspekthaft »ungeschriebenen« Werkes wird deutlich, dass Andreas-Salomé ein im Interpersonalen angesiedeltes tiefenpsychologisches Verständnis des menschlichen Lebens weit ihrer Zeit voraus verfochten und formuliert hat, unter anderem hinsichtlich der Gedanken des Urvertrauens, der Entwicklungspsychologie, des Narzissmus und von Trieben als Begehren. Andreas-Salomé bringt dabei diffizile Innen- und Beziehungsverhältnisse zur Sprache.

Die Autorin zeigt damit eine kulturgeschichtliche Bedeutung Andreas-Salomés auf, welche aufgrund des »Musenkonzepts« bislang weitgehend unentdeckt blieb, obwohl zwei bedeutende Zeitgenossen, Sigmund Freud und Rainer Maria Rilke, diese sehr wohl gesehen und geschätzt haben.

Prof. Dr. med. Dr. phil. Hinderk M. Emrich, Hannover

Einführung

Lou Andreas-Salomé gehört zu den prononciertesten und zugleich rätselvollsten Erscheinungen der frühen Entwicklungsgeschichte der Freud'schen Psychoanalyse. Sie ist in gewissem Sinne eine legendäre Gestalt; geeignet als Romanfigur[1], als Keimpunkt für Legendenbildungen (Böllerschüsse in Sankt Petersburg und ein Glückwunschschreiben des Zaren zu ihrer Geburt, Begegnungen mit Friedrich Nietzsche, Rainer Maria Rilke, Sigmund Freud) und gilt als eine Art Geheimtipp für die Fundierung einer sozusagen »ungeschriebenen«, aber doch präsenten feministischen Psychoanalyse in der Frühzeit der internationalen psychoanalytischen Bewegung.

Die Beschäftigung mit dem Leben und Werk von Lou Andreas-Salomé, insbesondere die Lektüre ihrer psychoanalytischen Texte, die aus einer Ansammlung einzelner Schriften bestehen, die vornehmlich in Zeitschriften erstveröffentlicht wurden, bedeutet die Konfrontation mit einem zunächst nur schwer fassbaren Phänomen.

Aufgrund eines vordergründig wenig wissenschaftlichen Sprachstils mit einer eigenwilligen Benutzung der psychoanalytischen Termini und einer eher bildhaften, geradezu poetischen Ausdrucksweise, eingebettet in einen verwirrenden und komplizierten Satzbau, wird leicht der Anschein erweckt, dass sich Lou Andreas-Salomé in ihren Gedanken zur psychoanalytischen Theorie und in ihrer Arbeit nur wenig von Freud unterschied bzw. sich inhaltlich kaum von ihm fortbewegte. Hierbei besteht jedoch die Gefahr, entscheidende Punkte ihres psychoanalytischen Verständnisses zu übersehen. Dies wird nur dann deutlich, wenn man ihr Werk im Spiegel ihres Lebens liest.

1 Z. B. in »Und Nietzsche weinte« (Yalom, 1994).

Zieht man nämlich diesen Gesamtkontext heran, indem man, ausgehend von ihrer Persönlichkeit und Biographie, die sie prägenden Beziehungen und ihren intellektuellen Werdegang verfolgt, erschließt sich zunehmend ein anderes und tiefergreifendes Verständnis ihrer Texte.

Dabei kristallisiert sich ein nicht weniger faszinierendes, wenn auch komplexes Bild der Psychoanalytikerin Lou Andreas-Salomé heraus, deren Gedanken und Konzepte in entscheidenden Punkten eben gerade nicht mehr mit der Freud'schen Lehre kompatibel sind.

Es zeigt sich, dass Lou Andreas-Salomé – als Vertraute Freuds und Erstleserin seines damals im Werden begriffenen Werkes – nicht nur als eine Mitdenkerin, sondern auch als eine *Weiterdenkerin* zu betrachten ist. In ihren Texten, insbesondere zu den Themen Ödipalität und Narzissmus, finden sich feinsinnige Ergänzungen, mit denen sie Gedankengänge Freuds weiterführte.

Dieses Buch entwickelt über ein Verständnis der Persönlichkeit Lou Andreas-Salomés einen Zugang zu ihrem einer breiten Öffentlichkeit wenig bekannten psychoanalytischen Werk. Dabei wird der Problemlage einer explizit nicht deutlich ausgesprochenen, implizit im Hintergrund aber ständig präsenten femininen Ergänzung der eher eingeengt maskulinen, phallozentrischen Freud'schen Psychoanalyse nachgegangen.

Um dem vielgestaltigen Phänomen Lou Andreas-Salomé näher zu kommen, werden in einem einführenden biographischen Prolog ihr Werdegang sowie prägende Ereignisse und Beziehungen nachvollzogen. Hierbei gilt es, ein Verständnis für ihre facettenreiche und eigenwillige Persönlichkeit zu gewinnen und ihren Weg zur Psychoanalyse nachzuzeichnen.

Dabei wird deutlich, dass die Frage nach der Bedeutung und dem Einfluss von Beziehungen im Hinblick auf eigene (intra-)psychische Entwicklungsmöglichkeiten Lou Andreas-Salomé Zeit ihres Lebens beschäftigte und ihr Leben und Werk durchzieht.

Zunächst wird das Augenmerk auf die Beziehung von Lou Andreas-Salomé zu Sigmund Freud gerichtet. Welche Motive bewogen diese Protagonisten jeweils, sich einander zuzuwenden? Wie gestaltete sich diese Beziehung? Welche Bedeutung hatten sie füreinander? Daran anschließend wird der Frage nachgegangen, welche Themen es waren, die inhaltlich Anlass zur Auseinandersetzung gaben oder hätten geben können. Unter Einbeziehung des Verständnisses ihrer Persönlichkeit soll hierbei insbesondere das ganz Eigene in den Texten von Lou Andreas-Salomé herausgearbeitet werden.

Parallel hierzu wird untersucht, inwieweit die Begegnung mit Rainer Maria Rilke ihr Verständnis der Psychoanalyse geprägt hat – im Hinblick auf ihre theoretische Arbeit, aber auch in Bezug auf die praktische Umsetzung in ihrer Tätigkeit als Analytikerin. Lou Andreas-Salomé und Rainer Maria Rilke waren einander nach einer mehrjährigen Liebesbeziehung bis zu seinem frühen Tod in enger freundschaftlicher Beziehung verbunden.

Die beiden großen Denker zu Beginn des 20. Jahrhunderts – der philosophische Dichter Rainer Maria Rilke und der analytische Naturwissenschaftler Sigmund Freud – waren so gesehen durch ihre jeweilige Beziehung zu Lou Andreas-Salomé indirekt miteinander verbunden. Und es stellt sich die Frage, wie sich das psychoanalytische Werk von Lou Andreas-Salomé im Spannungsfeld dieser beiden geistigen Antipoden entwickelt hat.

An dieser Stelle möchte ich mich bei Herrn Prof. Dr. med. Dr. phil. Hinderk M. Emrich für das Verfassen des Vorwortes und für die langjährige vertrauensvolle Zusammenarbeit bedanken.

Danken möchte ich Herrn PD Dr. med. Dr. phil. Jann E. Schlimme für seine verlässliche, hochkompetente Art und freundschaftliche Weise, mit der er dieses Projekt begleitet hat.

Annäherung an ein Phänomen

Bei der Betrachtung der Person Lou Andreas-Salomés sieht man sich zunächst mit ihrem Image konfrontiert: ein ihr vorauseilender Ruf als Femme fatale und Muse berühmter Männer. Schon in der Literatur über sie findet sich dieses Phänomen abgebildet und führt dabei leicht zu dem Irrtum einer oberflächlichen Betrachtungsweise. Es gibt eine Vielzahl an biographischen, romanhaften Beschreibungen, die auch überwiegend im belletristischen Sektor erschienen sind, jedoch kaum wissenschaftlich fundierte Arbeiten.

Betrachtet man Fotos von ihr, beeindruckt Lou Andreas-Salomé durch ihre Schönheit und die Strahlkraft ihrer schillernden Persönlichkeit. Ihr unkonventioneller Lebensstil und nicht zuletzt ihre amourösen Beziehungsgeflechte, Dreiecksbeziehungen und Verbindungen zu »prominenten« Männern wie Nietzsche, Rilke und Freud lassen sie faszinierend divenartig erscheinen. Übertragen in die heutige Zeit würde wahrscheinlich eher in den Klatschrubriken einschlägiger Gazetten über sie berichtet werden als in seriösen, gar wissenschaftlichen Fachzeitschriften.

Es findet sich bei einer Vielzahl von Büchern über sie meist schon im Titel oder Untertitel, spätestens im Klappentext, ein Verweis auf ihre – in der Tat – sehr spannenden Beziehungsgeflechte, jedoch eher im Sinne eines schmückenden Attributs, wobei dies dann inhaltlich kaum weiter untersucht wird. Und wenn, dann allenfalls dahingehend, welche Bedeutung Andreas-Salomé – als Muse – für den jeweiligen prominenten Dichter und Denker gehabt haben mag. In welcher Weise jedoch eine Wechselwirkung bestand und insbesondere wie *sie* diese Interaktionen verarbeitete und dies einen Niederschlag und eine Entsprechung in ihrer Arbeit fand, war bisher nicht Gegenstand der psychoanalytischen Forschung.

Zugegebenermaßen scheint sich das Phänomen Andreas-Salomé einer nüchtern wissenschaftlichen Betrachtungsweise zu entziehen.

Um der vielschichtigen und facettenreichen Persönlichkeit Lou Andreas-Salomés, ihrem eher unwissenschaftlich anmutenden, fragmentarischen psychoanalytischen Werk und der unkonventionellen Art, wie sich ihr Leben und Werk entwickelte, näher zu kommen, scheint auch hinsichtlich der anzuwendenden Methode ein gewisses unkonventionelles Vorgehen erforderlich zu sein.

Zum einen wird sich im Folgenden der Methode der Hermeneutik bedient, die als Grundlage der »Verstehenskunst« angesehen werden kann. Indem man etwas in einem Gesamtzusammenhang betrachtet, in einen Kontext einordnet und in ein dialektisches Verhältnis setzt, erschließen sich Zusammenhänge, die einen Rückschluss auf das zu untersuchende Objekt, in diesem Fall: Subjekt, zulassen.

Neben einem rein hermeneutischen Zugang muss aber zugleich die biographische Dimension in der gewählten Methode Berücksichtigung finden. Der Ansatz, um zu einem tiefergreifenden Verständnis des Werkes von Lou Andreas-Salomé zu gelangen, erfolgt deshalb in Analogie zu den Arbeiten des Philosophen Konrad Gaiser von der sogenannten »Tübinger Schule«, von dem der Versuch unternommen wurde, neben Platons geschriebenem Werk auch ein gewissermaßen »ungeschriebenes Werk«, das sich vornehmlich in seinem Wirken ausdrückte und nur mündlich und durch Schriften seiner Schüler unvollständig überliefert wurde, zu rekonstruieren mit dem Ziel einer sich daraus ergebenden neuen Fundierung und veränderten Gesamtschau des Platon'schen Werkes.

Die Berechtigung zu seiner Vorgehensweise wurde aus der zu erlangenden Gesamtschau abgeleitet: »Die Erkenntnis der Seinsprinzipien an sich ist dem Logos entzogen und einer intuitiv-›mystischen‹ Erfahrung vorbehalten« (Gaiser, 1968, S. 5).

Die Analogie zu dem hier zu untersuchenden Thema zeigt sich darin, dass die publizierten psychoanalytischen Schriften von Lou Andreas-Salomé ebenfalls zunächst nur als eine Ansammlung unvollständiger Fragmente zu betrachten sind, die erst aus einer Zusammenschau ihres Lebenswerkes und insbesondere aus der Beziehung zwischen Lebensgeschichte, Werk und Wirken zu erschließen sind.

Es ist allerdings zuzugeben, dass die Verflechtungen von Leben und Werk letztlich unentflechtbar und verwirrend sind. Deshalb soll eine »verdichtende Beschreibung« (vgl. Blankenburg, 1986) der Biographie von Lou Andreas-Salomé neue Verstehenshorizonte ihres Werkes erschließen. Biographische Ereignisse lassen sich nicht wie biologische Naturvorgänge als unter Gesetzmäßigkeiten stehend betrachten, sondern vermögen neue Zusammenhänge zu erschließen, die paradigmatischen Charakter haben können.

Gerade dies soll hier versucht werden. Das hermeneutische Verständnis der Texte wird dabei durch biographische Aspekte des Wirkens in Beziehungen verdichtet, um ein erweitertes und zugleich vertieftes Verständnis der Texte zu gewinnen. Insofern geht es im übertragenen Sinne um ein aspekthaft »ungeschriebenes« Werk, das nur aus dem Wirken in Beziehungen gedeutet und verstanden werden kann.

Abschließend sei angedeutet, dass dieses unkonventionell erscheinende Vorgehen durchaus seine Entsprechung in Leben und Werk von Lou Andreas-Salomé hat und deshalb vielleicht in besonderem Maße gerechtfertigt ist.

Lou Andreas-Salomé verkörperte in sich selbst sehr Widersprüchliches. In zentraler Hinsicht war sie Frau – von daher war ihr ein intensives emotionales Erleben und eine mehr intuitive Sicht der Dinge besonders zu eigen, was – nicht nur zu ihrer Zeit – als spezifisch weibliche Fähigkeit angesehen wurde. Sie nahm für sich zugleich immer auch das Recht in Anspruch, ein unabhängiges und selbstbestimmtes Leben zu führen, und entsprach somit wiederum in keiner Weise dem charakteristischen und idealtypischen Frauenbild in der Zeit um 1900. Ihre sehr eigenen Ansichten über Weiblichkeit führten jedoch dazu, dass sie auch von Seiten der frühen Frauenbewegung heftig kritisiert wurde.

Im Gegensatz zu dem Naturwissenschaftler und Arzt Freud kam sie aus einer ganz anderen, eher literarisch-geisteswissenschaftlichen Richtung. Sie war Schriftstellerin – was in der Sprache ihrer Texte seinen Niederschlag fand – und war darüber hinaus sehr geschult in Philosophie, Religions- und Literaturwissenschaften.

Lou Andreas-Salomés Anspruch an ihre eigenen Texte bestand insofern auch vorrangig nicht in Wissenschaftlichkeit. Ihr charakteristisches Bestreben war es hingegen, auf eine spezifische Weise wesenhafte Zusammenhänge zu erfassen. Ihre Erfahrung dessen, was sie »Urgrund« nannte und was ihr intuitives Wissen begründete, war als solche kaum mittelbar (Andreas-Salomé, 1996, S. 149). Von daher griff sie zum Ausdrucksmittel einer bildhaft-poetischen Sprache und versuchte, das, was direkt nicht mitteilbar war, in Form von Metaphern und Gleichnissen auch für andere zugänglich und nachvollziehbar zu machen. Diese Form des Ausdrucks lag ihr als Frau und als Schriftstellerin offenbar näher als eine wissenschaftliche Begrifflichkeit.

Die gefühlshafte, das Wesentliche erspürende Intuition und das Wissen um den »Urgrund« spielten im Leben und Werk von Lou Andreas-Salomé eine fundamentale Rolle. Sie war im Gegensatz zu Freud »von der anderen Seite her unterwegs«, wie sie es in ihrer Schrift »Mein Dank an Freud«, einem offenen Brief zum 75. Geburtstag von Sigmund Freud, ausdrückte (Andreas-Salomé, 1990, S. 324).

Ihr Anliegen bestand gerade darin, dem wissenschaftsgläubigen Akademiker und Arzt Freud ihre – bzw. zumindest eine – weibliche, seelennahe Seite gegenüberzustellen, die sie in seinem ansonsten so sehr geschätzten Werk vermisste.

Biographischer Prolog: Lou Andreas-Salomé

Ich lebe mein Leben in wachsenden Ringen,
die sich über die Dinge ziehn.
Ich werde den letzten vielleicht nicht vollbringen,
aber versuchen will ich ihn.

Ich kreise um Gott, um den uralten Turm,
und ich kreise jahrtausendelang;
und ich weiß noch nicht: bin ich ein Falke, ein Sturm
oder ein großer Gesang.

Rainer Maria Rilke (1899/1989, S. 11)

Louise von Salomé wurde am 12. Februar 1861 in Sankt Petersburg als erste Tochter nach fünf älteren Brüdern geboren. Ihre Eltern waren Louise von Salomé, geb. Wilm (1823–1913), die einer Hamburger Kaufmannsfamilie entstammte, und Gustav von Salomé (1804–1879), der väterlicherseits von Hugenotten aus Avignon abstammte und mütterlicherseits deutsch-baltischer Herkunft war.

Der Vater war 19 Jahre älter als die Mutter und bei Louises Geburt bereits 57 Jahre alt. Schon in seiner frühen Jugend war er nach Sankt Petersburg gekommen, hatte eine militärische Karriere absolviert und war General der kaiserlich russischen Armee.

Die Mutter war eine sehr disziplinierte und besonders in emotionalen Dingen auch eher distanzierte Frau. In ihrer Kindheit hatte Louise keine besonders enge Bindung zu ihrer Mutter. Sie war eher ein »Vaterkind« – seine »Prinzessin«. Ihren Vater beschrieb Lou Andreas-Salomé als einen »männlich tatfrohen, autoritätsgewohnten Mann« (Andreas-Salomé, 1996, S. 46). Die Familienstruktur war patriarchalisch geprägt und auch die Erziehung war streng und autoritär. Während die Söhne unter dem Vater bisweilen auch zu leiden hatten, genoss die einzige Tochter, als sein Liebling, mehr Freiheiten. Interessant ist, dass der Vater seine Frau als eine gleichberechtigte und respektierte Partnerin behandelte, was für die damalige Zeit eher ungewöhnlich war.

In seine kleine Tochter war der Vater offenbar ganz vernarrt. Wenn das Kind über sogenannte »Wachstumsschmerzen« klagte und deswegen nicht laufen konnte, trug der Vater es liebevoll auf dem Arm umher. Das nutzte die kleine Louise gelegentlich aus und simulierte die Schmerzen. Als der Vater dieses Verhalten schließlich durchschaute, wurde die Tochter mit Prügeln bestraft. Die Beziehung zum Vater war somit trotz tiefer Emotionen auch von Distanz geprägt und vor allem das ambivalente Verhältnis zu physischer Nähe und Zärtlichkeit, wie Lou Andreas-Salomé es als Kind erlebt hat, sollte sich nachhaltig auf ihr späteres Leben auswirken. Bis in ihr viertes Lebensjahrzehnt hatte Lou Andreas-Salomé ein im Grunde gestörtes Verhältnis zu körperlicher Nähe und negierte alle dahingehenden Bedürfnisse.

Zu ihren Brüdern, von denen zwei bereits früh verstarben, hatte Louise ein sehr gutes Verhältnis. Die Brüder umsorgten und beschützten sie und übernahmen ihr gegenüber die ritterliche Haltung, die der Vater der Mutter gegenüber an den Tag legte. Diese positiven Erfahrungen begründeten Lou Andreas-Salomés Grundempfinden, Männer – im Sinne von verschwistert – als Brüder zu betrachten: »Dies bestimmte stark und lebenslang meine Unbefangenheit und Zutraulichkeit allen Männern gegenüber und wurde nie Lügen gestraft« (Andreas-Salomé, 1958, S. 93).

Lou Andreas-Salomé wuchs in einem männlich geprägten Umfeld auf, in dem sie aber als »Vatertochter« – einen Sonderstatus hatte. In diesem Rahmen fühlte sie sich geborgen, akzeptiert und gleichberechtigt. Später war es immer wieder genau diese Konstellation, die sie suchte, die sie zu schaffen bemüht war und die ihre Selbstverständlichkeit bedingte, mit der sie sich in ihrem späteren Leben in überwiegend männlich dominierten Zirkeln bewegte.

Die Familie von Salomé gehörte zur großbürgerlichen und aristokratischen Oberschicht von Sankt Petersburg. Man bewohnte eine große Stadtwohnung und führte ein reges gesellschaftliches Leben. Insbesondere das Klima geistiger Bewegtheit, das Louise im Elternhaus von früher Kindheit an erlebte, hat sie sehr geprägt und bewirkte, dass sie auch später immer einen regen intellektuellen Austausch mit unterschiedlichsten Menschen suchte.

Trotz dieser bemerkenswert harmonischen Umstände litt Louise während ihrer Kindheit unter einem Gefühl der Isolation. Sie erlebte sich selbst in einer grundsätzlichen Distanz zu ihren Eltern und Brüdern. Das Vakuum, das dadurch entstanden war, füllte Louise – als sensibles und begabtes Kind – mit Tagträumen und einer eigenen Phantasiewelt, in der vor allem ein intensives kindliches Gott-Erleben im Vordergrund stand: »Meine früheste Kindheitserinnerung ist mein Umgang mit Gott« (Andreas-Salomé zitiert nach Welsch und Wiesner, 1990, S. 1).

Dieses Gott-Erleben bildete eine zentrale Erfahrung für das heranwachsende Kind. Louise verarbeitete alles, was ihr passierte, indem sie es in Geschichten umwandelte, die sie ihrem Gott erzählte, wobei dabei Wirklichkeit und Phantasie gelegentlich miteinander verschwammen. Dadurch erschuf sich Louise eine eigene Wirklichkeit, durch die sie – trotz großer Empfindsamkeit – unabhängiger gegenüber der Umwelt wurde.

Im Alter von sieben Jahren erzählte ein Knecht dem Kind im Scherz von einem Paar, welches vor dem Haus gestanden und sich im Laufe einer Woche aufgelöst habe, womit Schneefiguren gemeint waren, die weggeschmolzen waren. Louise reagierte darauf fassungslos und wandte sich an ihren Gott, um zu fragen, warum denn etwas »fraglos Vorhandenes« einfach verschwinden könne (Andreas-Salomé, 1996, S. 15). Aber ihr Gott schwieg. Der Verlust ihres Gottes erschütterte sie maßlos und führte dazu, dass sie zunächst alles in Frage stellte. Zum ersten Mal überkam sie ein Bewusstsein von Einsamkeit – ein Gefühl, das sie ihre ganze Jugend hindurch begleiten sollte. Louise fühlte sich anders als ihre Altersgenossen und unverstanden.

Im Alter von siebzehn Jahren kam es zu einer ersten, sie sehr prägenden Begegnung. Louise besuchte den Konfirmationsunterricht, obwohl sie seit dem Verlust ihres kindlichen Glaubens eine eher ambivalente Einstellung gegenüber Gott, Glauben und Kirche hatte und am liebsten aus der Kirche ausgetreten wäre. Aus Rücksicht auf ihren Vater, der schwer erkrankt war, verschwieg sie ihre Bedenken zunächst und fügte sich.

Durch eine Bekannte wurde Louise auf Hendrik Gillot aufmerksam gemacht. Gillot war ein Prediger, der über eine starke Persönlichkeit und Ausstrahlung verfügte und in den intellektuellen Kreisen der Sankt Petersburger Protestanten für seine Reden berühmt war. Louise war vom Charisma dieses Menschen fasziniert und nahm Unterrichtsstunden bei ihm, die sie vor ihren Eltern aber zunächst verheimlichte. Zwischen dem jungen Mädchen und dem Prediger fanden lebhafte Auseinandersetzungen statt. Gillot holte Louise aus ihrer Phantasiewelt heraus, indem er sie real, das heißt intellektuell forderte. Er wurde ihr geistiger Führer, leitete sie zu einem systematischen Studium an und übte darin einen nachhaltigen Einfluss auf die Heranwachsende aus.

Louise war zutiefst beeindruckt. Das Ausschlaggebende für sie war jedoch das Verständnis, das er ihr entgegenbrachte: »Nun hat alle Einsamkeit ein Ende. [...] Das ist es ja, was ich gesucht« (Andreas-Salomé, 1996, S. 222). Gillot zeigte ihr einen Weg auf und sie konnte zu ihm aufsehen wie zu ihrem Vater, den sie im Begriff war zu verlieren.

Ein hinzukommender pubertärer schwärmerischer Gefühlsüberschwang ließ sie zusätzlich alles idealistisch verklären und ins Göttliche erheben. Gillot verkörperte für Louise »nämliche Allesenthaltenheit und nämliche Allüberlegenheit«, und somit all das, was sie früher ihrem persönlichen Gott, ihrem »göttlichen Großvater« (S. 28) zugeschrieben hatte.

Dieser »göttliche Großvater« hatte einer modifizierten liebenden idealen Eltern-/Großelterninstanz entsprochen. Gillot wurde nun zu ihrem »Gottmensch«: Ein Mensch wurde vergöttlicht. Es war der erneute Versuch, ein Ideal zu schaffen, nach dem Verlust des ideellen »göttlichen Großvaters« und dem inzwischen realen Vaterverlust – ihr Vater war im Februar 1879 verstorben. In ihrem »Lebensrückblick« äußerte sich Lou Andreas-Salomé bezüglich ihrer Beziehung zu Hendrik Gillot: »Ich musste ihm folgen, er war ja Er – und er war es nicht mehr, als er mich [...] verkannte« (S. 222).

Hendrik Gillot, damals 42 Jahre alt, verheiratet und Vater zweier Kinder in Louises Alter, war jedoch auch fasziniert von der *Frau*, die Louise zu werden versprach. Er traf insgeheim Scheidungsvorkehrungen und machte ihr einen Heiratsantrag. Damit stürzte – nun bereits zum zweiten Mal – ein Gott von seinem Thron ins Irdisch-Profane. Louises Gottmensch erlitt das gleiche Schicksal wie ihr »göttlicher Großvater«. Sie war zutiefst erschüttert. Neben dem erneuten Verlust eines spirituellen Ideals bedeutete es zugleich auch die Konfrontation mit einer erwachsenen männlichen Realität, in der von ihr als Frau etwas gefordert werden konnte – anders als in der als Kind erlebten männlich dominierten Welt, wo sie als »Vatertochter« und »Prinzessin« unantastbar gewesen war.

Dadurch, dass Gillot als fordernder Mann auftrat, sah Louise ihre auf äußere und innere Freiheit gerichteten Wünsche bedroht. Es war für sie eine prosaische Entweihung: »Mit einem Schlage fiel das von mir Angebetete mir aus Herz und Sinnen ins Fremde. Etwas, das eigene Forderungen stellte, etwas, das nicht mehr nur den meinigen Erfüllung brachte, sondern diese im Gegenteil bedrohte, ja die mir gerade durch ihn gewährleistete geradegerichtete Bemühung zu mir selbst umbiegen wollte und sie der Wesenheit des Andern dienstbar machen – hob blitzartig den Andern selber für mich auf. In der Tat stand ja damit ein Anderer da: jemand, den ich unter dem Schleier der Vergottung nicht deutlich hatte erkennen können« (Andreas-Salomé, 1996, S. 29).

Louise konnte einen Mann nicht lieben und menschlich mit ihm leben, der für sie ein Gott gewesen war. Das empfand sie als Sakrileg und sie war nachhaltig getroffen. Erschreckt von der Forderung nach einer Mann-Frau-Beziehung, die auch Sexualität beinhaltet, schloss sie ab diesem Zeitpunkt jeglichen sexuellen Beziehungsaspekt auf lange Sicht aus ihrem Leben völlig aus. Louise führte konsequenterweise eine radikale Trennung mit Gillot herbei.

Die nachhaltige Prägung, die Hendrik Gillot auf Lou Andreas-Salomé ausgeübt hatte, zeigte sich nicht zuletzt darin, dass sie den Namen »Lou« beibehielt, den ihr Gillot anstelle des schwer aussprechbaren russischen Kosenamens »Ljola« oder »Lolja« gegeben hatte: »Meinen Namen gab in der Tat er mir« (Andreas-Salomé, 1996, S. 31).

Sie setzte in der Familie durch, dass sie im Ausland studieren durfte, und reiste 1880 in Begleitung ihrer Mutter nach Zürich, um ein Studium aufzunehmen. Im Rahmen ihres Studiums beschäftigte sich Lou Andreas-Salomé unter anderem mit allgemeiner Religionsgeschichte, Dogmatik, Logik, Metaphysik, Philosophie und Kunstgeschichte. Da sie sich sehr intensiv ihrem Studium gewidmet hatte – wohl auch, um die noch nicht verarbeiteten Ereignisse zu vergessen –, wurde sie ernsthaft krank. Die Ärzte empfahlen einen Aufenthalt im südlichen Klima und so reiste Lou Andreas-Salomé Anfang 1882 nach Italien.

Im März 1882 lernte Lou Andreas-Salomé in Rom – durch die

Vermittlung der Schriftstellerin Malwida von Meysenbug[2] – den Philosophen und späteren Arzt Paul Rée[3] kennen, mit dem sie rasch eine enge Freundschaft schloss. Paul Rée, seit langem mit Friedrich Nietzsche befreundet, vermittelte wiederum die Bekanntschaft zwischen Lou Andreas-Salomé und Nietzsche.

Nietzsche schrieb an Paul Rée: »Grüssen Sie diese Russin von mir wenn dies irgend einen Sinn hat: Ich bin nach dieser Gattung von Seelen lüstern. Ja, ich gehe nächstens auf Raub danach aus« (Nietzsche, 1975, III, 1, S. 185 ff.). Die erste Begegnung zwischen den dreien fand in der Peterskirche in Rom statt. Nietzsche begrüßte Lou mit den Worten: »Von welchen Sternen sind wir uns hier einander zugefallen?« (Andreas-Salomé, 1996, S. 80). Lou Andreas-Salomé – begeisterungsfähig, wie sie war – hatte eine Art philosophische Studiengemeinschaft mit den beiden Männern im Sinn, in deren Rahmen man zusammen leben und philosophischen Studien nachgehen könne: »Da erblickte ich nämlich eine angenehme Arbeitsstube voller Bücher und Blumen, flankiert von zwei Schlafstuben und, zwischen uns hin und her gehend, Arbeitskameraden, zu heiterem und ernstem Kreis geschlossen« (S. 76).

Dieser Plan ließ Lou Andreas-Salomés Ambivalenz gegenüber Männern deutlich werden. Durch die Bruder-/Vaterwelt ihrer Kindheit war sie eher auf Männer fixiert – sie kam gar nicht auf die Idee, diesen Plan mit Freundinnen in Erwägung zu ziehen. Die Männer mussten dabei aber brüderlich auf Distanz gehalten werden. Nur eine Freundschaftsbeziehung schien Lou Andreas-Salomé die Sicherheit zu bieten, als Partner gleichberechtigt zu sein und als Mensch – mit seiner ganzen Komplexität – ernst genommen zu werden. Eine Liebesbeziehung einzugehen, hätte vielleicht bedeutet, nur auf die Rolle der Frau beschränkt zu sein, was in ihren Augen einer Reduktion entsprach.

Verkompliziert wurde die Situation damals dadurch, dass sich sowohl Paul Rée als auch Friedrich Nietzsche in Lou verliebten und Nietzsche ihr sogar durch seinen Freund Rée einen Heiratsantrag übermitteln ließ, wodurch er den Freund, der das gleiche Ansinnen hatte, in eine höchst prekäre Situation brachte. Die junge Frau

2 Malwida von Meysenbug (1816–1903), Schriftstellerin.

3 Paul Rée (1849–1901), Philosoph und Arzt.

verstand es aber, beide Männer auf Distanz zu halten, und da die Freunde sie nicht verlieren wollten, arrangierten sie sich mit dem brüderlichen Bund der »Dreieinigkeit«, wie sie ihr Bündnis getauft hatten (Andreas-Salomé, 1996, S. 79). Weitere Verwicklungen schienen allerdings programmiert.

Im Sommer 1882 verbrachte Lou Andreas-Salomé einige Studienwochen bei Nietzsche in Tautenburg, in denen er sie mit seinen philosophischen Gedankengängen vertraut zu machen versuchte. Nietzsche sah in ihr eine mögliche Schülerin und Jüngerin seiner Philosophie: »Damals […] hatte ich bei mir in Aussicht genommen, Sie Schritt für Schritt bis zur letzten Consequenz meiner Philosophie zu führen – Sie als den ersten Menschen, den ich dazu für tauglich hielt« (Nietzsche, 1975, III, 1, S. 295).

Friedrich Nietzsche hatte auch die Hoffnung noch nicht aufgegeben, dass Lou seine ungeschickten romantischen Werbungsversuche erwidern würde. Lou Andreas-Salomé genoss den weitreichenden gedanklichen Austausch mit Nietzsche, der in lebhaften Diskussionen seinen Ausdruck fand. In einem Brief an Paul Rée vom 16.08.1882 berichtete sie ihm diesbezüglich: »Wenn uns jemand zugehört hätte, er würde geglaubt haben, zwei Teufel unterhielten sich« (Pfeiffer, 1970, S. 185).

In ihrem Freud-Tagebuch erinnerte sie sich später: »Als ich zum erstem Mal in meinem Leben dieses Thema [Masochismus] besprach, war es Nietzsche (dieser Sadomasochist an sich selber). Ich weiß, dass wir hinterher nicht wagten, uns anzusehen« (Andreas-Salomé, 1958, S. 155 ff.).

Vor einer Intensivierung der persönlichen Beziehung schreckte sie aber instinktiv zurück und widersetzte sich allen dahingehenden Avancen: »Sind wir uns ganz nah? Nein, bei alledem nicht. Es ist wie ein Schatten jener Vorstellungen über mein Empfinden, welche Nietzsche noch vor wenigen Wochen beseligten [seine Heiratspläne], der uns trennt, der sich zwischen uns schiebt. Und in irgend einer verborgenen Tiefe unseres Wesens sind wir weltenfern von einander. Nietzsche hat in seinem Wesen, wie eine alte Burg, manchen dunklen Verließ- und verborgenen Kellerraum […]. Seltsam, mich durchfuhr neulich der Gedanke mit plötzlicher Macht, wir könnten uns sogar einmal als Feinde gegenüberstehen« (Pfeiffer, 1970, S. 185).

Ende des Jahres 1882 zog Lou Andreas-Salomé zusammen mit Paul Rée nach Berlin und verwirklichte dort für einige Jahre die Idee eines wohngemeinschaftsartigen Zusammenlebens.

Am unbeeindrucktesten ging am Ende Lou Andreas-Salomé aus der ganzen Geschichte hervor. Während Nietzsche erneut nach Italien entfloh und sich sein durch seine Lou-Phantasien aufgewühltes Gemüt im Niederschreiben des »Zarathustras« (Nietzsche, 1883–1885) entlud und sich Paul Rée zunehmend seinem Medizinstudium widmete und sich langsam aus ihrem Leben zurückzuziehen begann, heiratete Lou 1887 überraschend den Orientalisten Friedrich Carl Andreas.[4] Damit war dann auch mit Paul Rée ein endgültiger Bruch vollzogen, den er nie überwinden sollte. Nach Beendigung seines Studiums arbeitete er als Armenarzt im Oberengadin und verunglückte dort 1901 tödlich – ein Selbstmord konnte nicht ausgeschlossen werden.

Über die Hintergründe und Motive ihrer Eheschließung mit Friedrich Carl Andreas ist viel spekuliert worden. Lou Andreas-Salomé selber hat bis zu ihrem Lebensende dazu nie eindeutig Stellung bezogen. F. C. Andreas gab türkischen Studenten, die in derselben Pension wie Lou Andreas-Salomé wohnten, deutschen Sprachunterricht und war auf diese Weise im August 1886 in ihr Leben getreten.

Es erschien Lou Andreas-Salomé »eine innere Forderung«, sich auf diese Beziehung einzulassen (Andreas-Salomé, 1996, S. 288); wobei dieses Zwingende schwer zu fassen ist. Sie sprach in ihrem »Lebensrückblick« von »etwas Vermählendem«, was zwar beinhaltete, »dass man sich selber als Einzelwesen aufgeben wird«, aber damit war nicht das Sexuelle gemeint, sondern etwas »viel Tieferes und Höheres, eine gemeinsame Höhe gleichsam, in der wir beide gipfeln wollen« (1996, S. 288).

Anders als in der Beziehung zu Gillot war es jetzt nicht mehr »ein Mensch, der vor dem andern kniet« (den er vorher zum Ideal erhoben hatte), sondern es ging um »zwei, die zusammen knien« und die durch diese etwas nebulöse gemeinsame Anbetung eines wie auch immer gearteten Ideals vereint seien: »Später, wo man Menschen und Ideen reinlicher trennt, wird nicht mehr ein Gott-

4 Friedrich Carl Andreas (1846–1930).

Mensch gesucht, sondern man einigt sich in der gemeinsamen inneren Hingebung an das, was man gemeinsam verehrt und hochhält« (S. 288 f.).

Unter diesen Aspekten und da F. C. Andreas, der 15 Jahre älter als sie war, auch ihrem Bild einer Vaterfigur entsprach, konnte sich Lou Andreas-Salomé auf diese Verbindung einlassen. Sie empfand, dass es sich bei ihrer Ehe nicht um ein Sich-Binden handele, »sondern um ein Gebundensein, um die Frage: ist in uns etwas, worin wir tatsächlich schon vermählt sind [...]. Es handelt sich also um die Erkenntnis, ob man schon in einander (nicht nur zu einander) gehöre, und zwar in einem fast religiösen, wenigstens rein ideellen Sinn des Wortes« (S. 288).

Da sich F. C. Andreas aber mit der ihm zugedachten und insbesondere der Vaterrolle nicht bescheiden wollte, sondern auch auf seine ehelichen Rechte bestand (denen sich Lou Andreas-Salomé bis zum Schluss verweigerte), kam es – ausgelöst durch ihre Beziehung mit Georg Ledebour[5] – zu dramatischen Szenen zwischen den Eheleuten, die in Plänen eines gemeinsamen Selbstmordes gipfelten, als letztem Ausweg aus einer für beide unerträglichen Situation.

Am Ende stand wieder ein – für Außenstehende seltsam anmutendes – Arrangement: Unter Aufrechterhaltung der Lebensform Ehe sollte jeder der Beteiligten frei und ungebunden seinem Leben und seiner Selbstverwirklichung nachgehen können. Lou Andreas-Salomé schrieb in ihrem »Lebensrückblick«: »Nach Monaten schmerzvoller Gemeinsamkeit und dazwischen hinlaufenden Trennungen, die das Alleinsein zu zweien vermeiden halfen, war der neue Standpunkt festgelegt. Nach außen hin veränderte sich nichts: nach innen zu alles« (1996, S. 210).

Dieser »Lebensbund« (Andreas-Salomé, 1992, S. 140), wie sie ihn später bezeichnete – im Gegensatz zu Affären, Liebesbeziehungen, Freundschaften – und der viel Kompromissbereitschaft erforderte, gab ihr neben einer gewissen gesellschaftlichen Legitimation auch einen mit zunehmendem Lebensalter immer mehr geschätzten festen Rahmen und Bezugspunkt.

Nachdem die Grenzen in ihrer Ehe abgesteckt waren, konnte Lou Andreas-Salomé sich wieder anderen Dingen zuwenden. Das

---

5 Georg Ledebour (1850–1947), Politiker.

Ehepaar Andreas verkehrte im Berlin des Fin de Siècle in Künstler- und Schriftstellerkreisen. Lou Andreas-Salomé konzentrierte sich nun auch vermehrt auf die eigene schriftstellerische Tätigkeit, die ihr neben einer Möglichkeit, sich auszudrücken, insbesondere auch zum Gelderwerb diente.

In den Jahren zwischen 1885 und 1895 erschienen neben Theaterkritiken, Aufsätzen und Rezensionen auch ihre Schriften »Im Kampf um Gott« (1885), »Henrik Ibsens Frauengestalten« (1892) und »Friedrich Nietzsche in seinen Werken« (1894).

Während dieser Zeit unternahm Lou Andreas-Salomé regelmäßig Reisen, die sie unter anderem nach Paris, Wien, München und Sankt Petersburg führten. Sie machte die Bekanntschaft mit vielen wichtigen Persönlichkeiten ihrer Zeit, darunter mit Frank Wedekind, Gerhard Hauptmann, Hugo von Hofmannsthal und Arthur Schnitzler. Engen freundschaftlichen Kontakt pflegte sie mit Frieda von Bülow[6] und Helene von Klot-Heydenfeldt (später: Helene Klingenberg).[7]

Mit dem sieben Jahre jüngeren Arzt Friedrich Pineles[8], den sie um 1895 kennen gelernt hatte, verband sie ebenfalls eine langjährige Beziehung. Einige Jahre später, 1901, nach ihrer Liaison mit Rilke, sollte Lou Andreas-Salomé von ihm schwanger werden; sie verlor das Kind jedoch durch eine Fehlgeburt.

Im Mai 1897, während eines Aufenthaltes in München, suchte ein junger, damals noch unbekannter Dichter ihre Bekanntschaft: Rainer Maria Rilke trat – ungestüm und sie mit Gedichten förmlich überschwemmend – in ihr Leben. Lou Andreas-Salomé war damals 36 Jahre alt, 14 Jahre älter als Rilke, stand mit beiden Beinen fest im Leben und war bereits eine anerkannte und durchaus populäre, berühmte Schriftstellerin.

Der 22-jährige Rilke dagegen war ein schwärmerischer Junge, steckte mit dem Kopf in den Wolken (ein Zustand, der Lou Andreas-Salomé aus eigener Jugend her vertraut war) und war noch auf der Suche nach einem eigenen künstlerischen Ausdruck und seinem

6 Frederike (Frieda) Sophie Louise Freiin von Bülow (1857–1908), Schriftstellerin.

7 Helene Klingenberg (1865–1943).

8 Friedrich Pineles (1868–1936), als Arzt in Wien tätig.

Weg als Dichter. Lou Andreas-Salomé schrieb darüber: »Der blutjunge Rainer [...] wirkte in seinem Wesen doch nicht vorwiegend als der zukunftsvoll große Dichter, der er werden sollte, sondern ganz von seiner menschlichen Sonderart aus« (Andreas-Salomé, 1996, S. 114).

Mit der stürmischen Unbefangenheit jugendlicher Verliebtheit, mit der er Lou suchte und sich auf sie einließ, wurde Lou Andreas-Salomé nun erneut mit dem so lange ausgeblendeten Aspekt der Sexualität konfrontiert. Da Rilke aber zu *ihr* aufblickte, musste sie nicht fürchten, die Unterlegene zu sein, und konnte sich jetzt – wahrscheinlich zum ersten Mal – wirklich auch auf eine Liebesbeziehung einlassen: »War ich jahrelang Deine Frau, so deshalb, weil Du mir das erstmalig Wirkliche gewesen bist, Leib und Mensch ununterscheidbar eins, unbezweifelbarer Tatbestand des Lebens selbst. [...] Nicht zwei Hälften suchten sich in uns: die überraschte Ganzheit erkannte sich erschauernd an unfaßlicher Ganzheit« (S. 138). Mit der Unbedingtheit, die beiden zu eigen war, wurde diese Liebesbeziehung dann über mehrere Jahre intensiv gelebt.

Den Sommer 1897 verbrachten Lou Andreas-Salomé und Rainer Maria Rilke gemeinsam in Wolfratshausen. Rilke zog dann – um Lou nahe sein zu können – ebenfalls nach Berlin: »Rilke teilte ganz unsere sehr bescheidene Existenz am Schmargendorfer Waldrande« (S. 116). Welche Rolle F. C. Andreas in dieser Beziehungskonstellation spielte, bzw. ob oder was er über die Beziehung zwischen seiner Frau und Rilke wusste, ist unklar. Zu dritt unternahmen sie 1899 eine längere Russlandreise.

Im Jahre 1900 reisten Lou Andreas-Salomé und Rainer Maria Rilke erneut nach Russland. In dieser Zeit begannen Rilkes Empfindlichkeiten und seine zeitweilig ans Hysterische grenzenden überreagierenden Verhaltensweisen eine zunehmende Belastung für Lou zu werden: »Rainer und ich zu sehr nur einander lebend« (Rilke und Andreas-Salomé, 1989, S. 37).

Obwohl in dieser Beziehung die Rollenverteilung nie wirklich partnerschaftlich in etwa gleich gewichtet gewesen war, hatten sie sich gerade durch einander diametrale Ungleichheiten eine Zeit lang gut ergänzt, wodurch die Beziehung lebbar gewesen war. Dieses fragile Gleichgewicht fing nun an, sich zu verschieben. Lou Andreas-Salomé fühlte sich zunehmend von Rilke vereinnahmt und in den

Strudel seiner Ängste und Depressionen mit hineingezogen, wobei sie mehr und mehr in die Rolle einer Therapeutin gedrängt wurde.

Lou Andreas-Salomé sah schließlich Ende 1900 keinen anderen Ausweg mehr, als die Beziehung zu beenden: »Gehe [...] Deinem dunklen Gott entgegen! Er kann, was ich nicht mehr thun kann an Dir, – und so lange schon nicht mehr mit voller Drangabe thun konnte: Er kann Dich zur Sonne und Reife segnen« (S. 55).

Nach einer mehrjährigen Pause wurde die innere Bindung, die trotz allem und immer noch bestand, in Form eines lebenslang andauernden Freundschaftsbündnisses fortgeführt und fand Ausdruck in einem umfangreichen Briefwechsel.

In den Jahren zwischen 1900 und 1911 widmete sich Lou Andreas-Salomé erneut intensiv ihrer schriftstellerischen Tätigkeit. In gewisser Weise führte sie damals eine Art Doppelleben: Auf der einen Seite lebte sie ein bürgerliches Leben mit F. C. Andreas, der inzwischen an die Göttinger Universität berufen worden war. Auf der anderen Seite führte Lou Andreas-Salomé weiterhin ein ungebundenes Nomadenleben, unternahm immer wieder längere Reisen und pflegte den Kontakt und intensiven Austausch mit vielen geistigen Größen ihrer Zeit. Diese Lebensform gab ihr viel Freiraum für Selbstentfaltung und Selbstverwirklichung, erforderte aber auch eine zunehmend bewusstere Selbstbestimmung.

Lou Andreas-Salomé, in der Mitte des Lebens stehend, befand sich immer noch – oder wieder – auf der Suche. Als sie in dieser Lebenssituation auf erste psychoanalytische Schriften stieß, die Anlass zu tiefenpsychologischem Nachdenken und zur Reflexion gaben, schien sie fündig zu werden.

Lou Andreas-Salomé und Sigmund Freud: Die Muse und der Tiefenforscher

Bevor der Frage nach den inneren Zusammenhängen, jeweiligen Intentionen, Motivationen und der Dynamik der Beziehung Lou Andreas-Salomé und Sigmund Freud nachgegangen wird, soll anhand einer Chronologie der Ereignisse zunächst der äußere Rahmen abgesteckt und betrachtet werden.

Chronologie einer folgenreichen Beziehung

Bereits im Frühjahr 1895 soll es laut Ernst Pfeiffer[9] in Wien zu einem Treffen zwischen Lou Andreas-Salomé und Sigmund Freud gekommen sein.[10] Die »offizielle« erste Begegnung fand aber erst am 20. September 1911 in Weimar statt. Lou Andreas-Salomé besuchte gemeinsam mit dem schwedischen Arzt und späteren Psychoanalytiker Poul Bjerre[11], den sie während eines Sommeraufenthaltes bei Ellen Key[12] in Schweden kennen gelernt hatte, den Dritten Psychoanalytischen Kongress in Weimar. Lou Andreas-Salomé fand dort rasch Anschluss an den Kreis um Freud. Zu diesem Zeitpunkt war sie 50-jährig; Freud war 55 Jahre alt.

9 Ernst Pfeiffer (1893–1986), Philologe; Begleiter und Freund Lou Andreas-Salomés in ihren letzten Lebensjahren und ihr Nachlassverwalter.

10 Vgl. hierzu Andreas-Salomé, 1958, S. 285, und Briefwechsel Freud und Andreas-Salomé, 1980, S. 233.

11 Poul Bjerre (1876–1964), einer der ersten Vertreter der Psychoanalyse in Schweden.

12 Ellen Key (1849–1926), schwedische Pädagogin, Lehrerin und Schriftstellerin.

Während des Winters 1911 und bis zum Sommer 1912 widmete sich Lou Andreas-Salomé intensiv dem Selbststudium psychoanalytischer Texte von Freud. Sie las unter anderem »Über Psychoanalyse« und »Der Witz und seine Beziehung zum Unbewussten«. Darüber hinaus umfasste ihre Leseliste mehrere Hefte des »Zentralblattes« und der »Imago« sowie Stekels[13] »Die Sprache der Träume« und Verschiedenes von Alfred Adler.

In dieser Zeit notierte sie in ihrem Tagebuch: »In der Arbeit unablässig Ps.A. [Psychoanalyse], mit immer wachsender Bewunderung für Freuds Rückhaltlosigkeit; ich komme tiefer hinein als durch Bjerre, sehe, wo er Halt macht. Wenn man das vermeidet, rauschen Quellen auf« (Freud und Andreas-Salomé, 1980, S. 234).

Nach einer Begegnung mit Lou Andreas-Salomé in Berlin schrieb Karl Abraham[14] am 28. April 1912 an Freud: »Eine Besucherin des Weimarer Kongresses, Frau Lou Andreas-Salomé, war jetzt einige Zeit in Berlin. Ich habe sie genau kennen gelernt und muß sagen, daß ich einem solchen Verständnis der Psychoanalyse bis ins Letzte und Feinste noch nicht begegnet bin. Sie kommt im Winter nach Wien und möchte gern den dortigen Sitzungen beiwohnen« (S. 234).

Mit Datum vom 27. September 1912 richtete Lou Andreas-Salomé eine briefliche Anfrage an Sigmund Freud, um eine Teilnahmeerlaubnis an seinem Kolleg zu erbitten: »Mich dieser Sache [der Psychoanalyse] weiter nach allen Seiten zu widmen, ist der einzige Zweck meines Aufenthaltes dort« (S. 7). Ein positiver Antwortbescheid von Freud erfolgte umgehend. Am 1. Oktober 1912 schrieb er an Lou Andreas-Salomé: »Wenn Sie nach Wien kommen, werden wir alle bemüht sein, Ihnen das Wenige, was sich an der Psychoanalyse zeigen und mitteilen lässt, zugänglich zu machen« (S. 7).

Daraufhin reiste Lou Andreas-Salomé in Begleitung ihrer Freundin Ellen Delp am 25. Oktober 1912 nach Wien. Während der Zeit vom 30. Oktober 1912 bis zum 2. April 1913 besuchte Lou das Samstagskolleg bei Freud an der Wiener Universität sowie die sogenannten Mittwochabende, die Mittwochssitzungen der Wiener Psychoanalytischen Vereinigung. Sie war zu diesem Zeitpunkt die

13 Wilhelm Stekel (1868–1940), Psychoanalytiker, Arzt und Journalist; zeitweiliger Redakteur des »Zentralblattes für ärztliche Psychoanalyse«.

14 Karl Abraham (1877–1925), Arzt und Psychoanalytiker.

einzige Frau, die an diesen Veranstaltungen teilnahm. Sie schrieb darüber: »Überhaupt fühle ich mich jedes Mal heimischer und wohliger unter allen diesen Menschen um Freud. Geht es von ihm aus oder von der Art der Arbeit, es ist gut da zu sein« (Andreas-Salomé, 1958, S. 38).

Für Freud wurde sie bald zu einem »festen Punkt« unter seinen Zuhörern: »Ich vermißte Sie gestern in der Vorlesung […]. Ich habe die Unart angenommen, den Vortrag immer an eine bestimmte Person im Hörerkreis zu richten, und starrte gestern wie gebannt in die Sitzlücke, die man für Sie gelassen hatte« (Freud und Andreas-Salomé, 1980, S. 12). »Es tut mir sehr leid […] daß Sie am Samstag nicht bei mir waren. Ich war so meines Fixationspunktes beraubt und sprach unsicher« (S. 14).

Darüber hinaus fanden in dieser Zeit eine Reihe privater Zusammentreffen im Hause Freuds zwischen Lou Andreas-Salomé und Sigmund Freud statt, die jedoch weniger als Analysestunden im Sinne einer Lehranalyse zu deuten sind, sondern eher den Charakter auf gegenseitigem Austausch beruhender Gespräche vermitteln.

Nach ihrem ersten Besuch bei Freud am 8. Dezember 1912 notierte Lou Andreas-Salomé in ihrem Tagebuch: »Besuch bei Freud am Sonntag Nachmittag; sehr schön für mich, weil wir uns über alles auseinandersetzen konnten, worin ich abzuweichen glaubte und worin wir doch viel einiger sind, als es schien. Es ist so ganz anders, Freud denken und arbeiten zu sehn, als ihn nur zu lesen« (Andreas-Salomé, 1958, S. 53).

Inhaltlich ging es in diesem Gespräch um den Zusammenhang bzw. die Unterschiede zwischen Natur- und Geisteswissenschaft, wobei Lou Andreas-Salomé im Hinblick auf die ihrer Ansicht nach gerade im Grenzbereich zwischen Natur- und Geisteswissenschaft angesiedelte, damals noch neue Wissenschaft der Psychoanalyse bemerkte: »Was von aller Geisteswissenschaft gilt, das gilt hier im höchsten und entscheidenden Grade: daß wir nur wissen, was wir erleben« (S. 55).

Während eines Gesprächs am 2. Februar 1913 kamen persönlichere Themen zur Sprache. Freud erzählte Lou von seinem Lebensgang, und besonders seine Erzählung von der »narzißtischen Katze« berührte sie und schien ihr das »allerpersönlichste« zu sein, was er ihr mitteilte (S. 88 ff.).

Von großem Interesse für Freud waren Lou Andreas-Salomés Motive, sich der Psychoanalyse zu zuwenden. Sie selbst schrieb darüber in ihrem Freud-Tagebuch: »Ursprünglich war es kein andres Interesse, als das ganz neutral sachliche, das sich aufmerksam gemacht fühlt auf Wege zu neuen Quellen. Dann kam aber, belebend und persönlich wirksam, der Umstand hinzu, einer werdenden Wissenschaft gegenüberzustehn [...]. Das Dritte und Persönlichste, das den Ausschlag gab, ist aber das intime Beschenktwerden selber, das von ihr [der Psychoanalyse] ausgeht: dieses erstrahlende Umfänglicherwerden des eignen Lebens durch das Sich-herantasten an die Wurzeln, mit denen es der Totalität eingesenkt ist« (S. 89 ff.).

Weitere Gesprächsthemen bildeten Kindheitserinnerungen von Lou Andreas-Salomé und ihr Verhältnis zu ihren Brüdern. Da alle älter waren als sie, sei ihr Verhalten Lou gegenüber »sehr ritterlich und beschützend« gewesen, was dazu geführt habe, dass ihr später »die ganze Welt als von lauter Brüdern bevölkert« erschienen sei (S. 92 f.). Aber trotz der Geborgenheit, die sie in der Familie erlebt habe, bemerkte Lou Andreas-Salomé bezüglich ihrer Position in ihrer Familie: »Am auffallendsten ist ja, daß trotz solchen Brüdern, mit denen bluteins zu sein mich heute noch stolz und froh macht, und trotz meinen Eltern in ihrer harmonischen Ehe und frommen Treue auch zu ihren Kindern, ich doch so bitter einsam gewesen bin unter ihnen allen und als dem einzigen Glück einer absoluten Phantastik hingegeben« (S. 93).

Über das Gespräch am 9. Februar 1913 existiert nur eine kurze Notiz. Gesprächsthema war unter anderem eine Kindheitsphantasie von Lou Andreas-Salomé bezüglich des Weibes-Innern: »als Berg-Innern voll Edelgestein« (S. 93).

Während der nächsten Zusammenkunft am 13. Februar 1913 wurde Freuds damalige Kontroverse mit Viktor Tausk[15] diskutiert. Lou Andreas-Salomé bemerkte anschließend darüber: »Der Wert, den ein selbständiger Kopf für die Sache hat, weist sich erst am Zukünftigen auf, und das führt durch Kämpfe in der Gegenwart, die wahrscheinlich nicht vermeidlich sind. Daß Freud es als Störung empfindet und sich tief nach jener Ruhe stiller Forschung sehnt, [...] ist sicher« (S. 98).

15 Viktor Tausk (1879–1919), Psychoanalytiker, starb 1919 durch Freitod.

Lou Andreas-Salomé war im Gegensatz zu Freud mit Viktor Tausk befreundet: »Und von allem Anfang empfand ich doch an Tausk grade all diesen Kampf als das, was mich an ihm tief berührte: den Kampf der menschlichen Kreatur. Brudertier, Du« (1958, S. 189).

Er war unter den Psychoanalytikern im Kreis um Freud der Einzige, dem sich Lou Andreas-Salomé emotional eng verbunden gefühlt hatte und von dem sie später – nach seinem Selbstmord 1919 – sagte: »Ich hatte ihn lieb« (Freud und Andreas-Salomé, 1980, S. 109).

Bei einer Zusammenkunft am 23. Februar 1913 erzählte Sigmund Freud Lou Andreas-Salomé von einer Phantasie: »[…] von der Bedeutung des Vatermords für die gesamte Kulturentwicklung bis heute. Er [Freud] hat noch nie etwas so Geistreiches zu einem Ganzen geformt – geistreicher fast, als er es sich sonst gestattet« (Andreas-Salomé, 1958, S. 106). Ein weiteres Thema war Freuds Abwehr gegenüber reiner Philosophie.

Am 14. März 1913 sprachen Lou Andreas-Salomé und Freud erneut über Viktor Tausk. Anschließend las Freud ihr eine neue Arbeit vor: »Das Interesse an der Psychoanalyse«, ein Beitrag für die Zeitschrift »Scientia«. Lou Andreas-Salomé sah darin »ein Résumé der möglichen Anwendungen von Psychoanalyse auf wissenschaftlichen und praktischen Gebieten« (S. 120).

Das letzte Gespräch fand am 6. April 1913 statt: »Am Teetisch sprachen wir von der Unterscheidung von Abnormitäten und Neurose« (S. 141). Daran schloss sich eine Diskussion über den Konflikt zwischen Therapie und Forschung an. Lou Andreas-Salomé notierte über diesen letzten Abend eines intensiven Semesters: »Als ich mit seinen Rosen fortging, da freute ich mich, daß ich ihm auf meinem Weg begegnet war und ihn erleben durfte: als meinen Wendepunkt« (S. 143).

Vom 6. bis 8. September 1913 trafen sich Lou Andreas-Salomé und Sigmund Freud auf dem Fünften Psychoanalytischen Kongress in München, wo es zum Bruch zwischen Freud und C. G. Jung kam. Während des Ersten Weltkrieges fanden keine persönlichen Treffen statt. In dieser Zeit wurde der briefliche Austausch intensiviert.

Vom 9. November bis 20. Dezember 1921 war Lou Andreas-Salomé zu Gast bei der Familie Freud in Wien. Während dieses Besuchs lernte Lou die damals 26-jährige Anna Freud kennen. Aus der Begegnung zwischen den beiden nicht nur altersmäßig sehr ungleichen Frauen entstand bald eine tiefe und lebenslange Freundschaftsbeziehung. Der Ton des Briefwechsels zwischen Andreas-Salomé und Freud wurde ab diesem Zeitpunkt persönlicher. Freud sprach Lou nun mit Vornamen an (»Liebste Lou«), während sie zwar beim respektvolleren »Herr Professor« verblieb, in der Thematik aber auch zunehmend vertraulicher wurde. Ihrer beider Beziehung zur »Annatochter«[16] wurde ein zusätzliches wichtiges und dauerhaftes Verbindungsglied.

Vom 25. April bis zum 5. Mai 1922 besuchte Anna Freud Lou Andreas-Salomé in Göttingen. Zwischen den beiden Frauen hatte vom ersten Moment ihrer Begegnung an eine große Vertrautheit bestanden. Trotz des erheblichen Altersunterschiedes empfanden sie sich als Schwestern und erlebten eine Art unverbrüchliche Verbundenheit durch ihrer beider Beziehung zum Übervater Freud.[17]

Auch ihre jeweilige Position als Frau in den damals überwiegend männlich dominierten Zirkeln der Psychoanalyse wies Parallelen auf. Darüber hinaus trug die Beziehung auch Züge einer echten Frauenfreundschaft: Anna – eine leidenschaftliche Strickerin – »bestrickte« Lou und die Form und Farbwahl der Handarbeiten wurde ebenso intensiv diskutiert wie neu erschienene psychoanalytische Schriften. Das zu Anfang bestehende Ungleichgewicht – Anna Freud blickte bewundernd zu der soviel reiferen und überlegeneren Lou Andreas-Salomé auf, die ihrerseits die Jüngere mit großer mütterlicher Fürsorge umgab – kehrte sich im Laufe der Jahre um. Später war es die sich auch zunehmend vom Vater emanzipierende Anna, die sich einen eigenständigen Ruf als Kinderpsychoanalytikerin erworben hatte, die fachlich dominierte und nun auch ihrerseits die betagte Lou liebevoll umsorgte.

Ein weiterer Aufenthalt Anna Freuds in Göttingen bei Lou Andreas-Salomé folgte vom 6. Juli bis zum 4. August 1922. Martha Freud holte ihre Tochter dort am 3./4. August 1922 ab. Während

16 Vgl. Freud und Andreas-Salomé, 1966/1980.

17 Der von Daria A. Rothe und Inge Weber 2001 herausgegebene Briefwechsel von Lou Andreas-Salomé und Anna Freud trägt als beziehungsreichen Titel ein Zitat von Lou Andraes-Salomé: »… als käm ich heim zu Vater und Schwester«.

des Psychoanalytischen Kongresses vom 25. bis 27. September 1922 in Berlin kam es zu einem Zusammentreffen zwischen Sigmund Freud, Anna Freud und Lou Andreas-Salomé. 1923 hielt sich Anna Freud zu Ostern wieder eine Woche bei Lou in Göttingen auf. Im Sommer 1925 verbrachte Lou Andreas-Salomé die letzten beiden Augustwochen mit der Familie Freud auf dem Semmering, dem Urlaubsdomizil der Familie. Im Oktober 1928 besuchte Lou Andreas-Salomé Anna und Sigmund Freud im Sanatorium Schloss Tegel in Berlin, wo Freud nach einer Krebsoperation behandelt wurde. Dort fand im März 1929 dann die letzte persönliche Begegnung zwischen Sigmund Freud und Lou Andreas-Salomé statt. – Im Dezember 1929 verbrachte Anna Freud noch einmal zwei Tage in Göttingen bei Lou.

Im Jahre 1931 verfasste Lou Andreas-Salomé anlässlich von Freuds 75. Geburtstag die Schrift »Mein Dank an Freud« (Andreas-Salomé, 1990, S. 245 ff.); ein offener Brief, der im Internationalen Psychoanalytischen Verlag veröffentlicht wurde und der ihre persönliche Reflexion über verschiedene psychoanalytische Themen enthielt.

Vom 1. bis 3. September 1932 fand ein letzter Besuch von Anna Freud bei Lou Andreas-Salomé in Göttingen statt. Der Briefwechsel schließt mit einem Brief von Anna Freud an Lou vom 22. Januar 1937. Am 5. Februar 1937 starb Lou Andreas-Salomé in Göttingen. Freud verfasste einen Nachruf auf sie. Sigmund Freud selbst starb am 23. September 1939 in Hampstead bei London im Exil.

Die »Vater-Tochter« und der »Mutter-Sohn« – Annäherung an die Beziehung Lou Andreas-Salomé/ Sigmund Freud

Nachdem der äußere Rahmen der Beziehung Lou Andreas-Salomé/ Sigmund Freud abgesteckt wurde, sollen im Folgenden die inneren Beweggründe und Zusammenhänge dieser Beziehung betrachtet werden.

Angeregt durch die Konfrontation und Auseinandersetzung mit den komplizierten, tiefgründigen Seelenlandschaften Rainer Maria Rilkes, dem Lou Andreas-Salomé nach Beendigung ihrer mehrjährigen Liebesbeziehung weiter in enger Freundschaft verbunden geblieben war, und auf der Suche nach Lösungsalternativen bzw. eigenen Lebensperspektiven, war Lou um 1910/1911 auf die sich entwickelnde neue Wissenschaft der Psychoanalyse gestoßen.

Lou Andreas-Salomé hatte als Frau, aber auch als ganz ihr Ur-Eigenes, ein ausgeprägtes instinktives und intuitives Wissen um das, was sie »Urgrund« nannte (Andreas-Salomé, 1996, S. 149). Dieser für sie sehr zentrale Begriff bedarf einer näheren Betrachtung. Man könnte die zugrunde liegende Intention als eine Art Urvertrauen beschreiben, verknüpft mit einer unerschütterlichen Gewissheit der Verbundenheit mit allen Seinszusammenhängen. Das sensible und phantasiebegabte Kind, das Lou gewesen war, hatte diesen gefühlten größeren Zusammenhang vertrauensvoll »Gott« genannt und sich in ganz persönlicher Beziehung mit ihm und somit auch diesem Umfassenderen verbunden gefühlt.

In ihrem »Lebensrückblick« schrieb sie: »Was aber bewirkt im Menschen überhaupt eine solche Fähigkeit, ein Phantasiertes für schlechthin Wirkliches zu nehmen? Doch nur die weiterwirkende Unfähigkeit, sich auf die Außenwelt, auf dieses Außerhalb Unser (groß geschrieben!), […] zu beschränken – als real voll anzuerkennen, was uns nicht mit-in-sich enthält« (S. 12).

Das Bewusstwerden ihrer Individualität und der damit verbundenen Separation von allem anderen traf sie tief und machte sie zunächst fassungslos: »Das war eine sonderbare Angelegenheit mit unseren Spiegeln. Wenn ich da hineinzuschauen hatte, dann verdutzte mich gewissermaßen, so deutlich zu erschauen, daß ich nur das war, was ich da sah: so abgegrenzt, eingeklaftert: so gezwungen, beim Übrigen, sogar Nächstliegenden einfach aufzuhören. […] doch irgendwie leugnete mein eignes Empfinden den Umstand, nicht in und mit Jeglichem vorhanden zu sein« (S. 12).

Das frühe kindliche Erleben dieses Eingebundenseins in größere Zusammenhänge war aber intensiv genug gewesen, um im Sinne einer unerschütterlichen Gewissheit nachhaltig in ihr weiterwirken zu können: »Was für mich nun vor allem daraus bewirkt wurde, ist das Positivste, davon mein Leben weiß: eine damals dunkel erwachende, nie mehr ablassende durchschlagende Grundempfindung unermeßlicher Schicksalsgenossenschaft mit allem, was ist. […] Daß etwas ›ist‹, trägt jedes Mal die Wucht aller Existenz in sich, als sei es alles« (S. 24).

Diese Gewissheit sollte sie ihr ganzes Leben begleiten. Noch im hohen Alter äußerte sie gegenüber Ernst Pfeiffer, ihrem Sekretär und Biographen: »Es mag mir geschehen, was will – ich verliere nie die Gewißheit, daß hinter mir Arme geöffnet sind, um mich aufzunehmen« (S. 300). Ihr ganzes Leben war ein Ringen um dieses »fraglos Vorhandene« (S. 15).

Durch ihr Studium der Religionsgeschichte und Philosophie war Lou Andreas-Salomé geschult in analytischem und wissenschaftlichem Denken. Der Versuch, ihr intuitives Wissen mit dieser Art des Denkens zu erfassen, führte jedoch nur zu sie unbefriedigenden metaphysischen Konstrukten. Erst die Terminologie der Psychoanalyse gab ihr exakte Benennungen und wissenschaftliche Begrifflichkeiten, um das bisher nur unzureichend Greifbare endlich auszudrücken.

Lou Andreas-Salomé war Freud immer dankbar dafür, dass er die Psychoanalyse, die ihr so viel gab, entwickelt hatte, und von daher stand seine Lehre – sein »Fund« – nie in Frage für sie (S. 152). In dieser Hinsicht genoss er ihre uneingeschränkte Hochachtung und Bewunderung. Zu Beginn ihres Freud-Tagebuchs notierte sie: »An den seelischen Erkrankungen hat er, wie an einem Rockzipfel, das Leben da erwischt, wo es, gleichsam hilflos verklemmt in eine Türspalte zu unserer Seite hin, nicht ins Organische allein entweichen konnte […] und hat es Rede und Antwort stehen lassen. In der Tat kann man Freuds große Entdeckung nicht besser bezeichnen, als wenn man sagt, daß er aus der Not des Seelenlebens eine Tugend für die Wissenschaft machte: grade da, wo das psychische Bild, weil durch Krankheit über seine normalen Umrisse hinaus verzerrt, aus dem Rahmen der Betrachtungsmöglichkeit zu fallen droht, ist es Freud dadurch gelungen, ihm nach beiden Seiten beizukommen: sowohl nach derjenigen der unfaßbaren Lebendigkeit, die sich in normaler Verfassung der Wissenschaft nicht stellte, als nach derjenigen der Zergliederung in seine Einzelbestandteile, die man bisher nur als physische Zerfallserscheinung kannte. Es ist darum durchaus nicht zufällig, daß es ein Arzt sein musste, der dies Ei des Kolumbus auf den Kopf stellte: indem er fand, dass es auf der zerbrochenen Spitze feststehe« (Andreas-Salomé, 1958, S. 22 ff.).

In ihrem »Lebensrückblick« schrieb Lou Andreas-Salomé über ihr »Erlebnis Freud«: »Mit unendlicher Umsicht und Vorsicht der methodologischen Hantierung hatte analytische Grabearbeit von Schicht zu Schicht Ursprünglicheres zutage gefördert, und vom allerersten der grandiosen Freudschen Spatenwürfe an bewährte sich die Unwiderleglichkeit ihrer Funde« (1996, S. 152).

»Um dessentwillen war es ja, dass die Psychoanalyse so lange Zeit auf ihren Begründer hat warten müssen – als auf denjenigen, der imstande war, sehen zu wollen, was auf dem Wege vor ihm immer vorsichtig umgangen worden war. Nur er brachte den Grad an Unbefangenheit dafür auf« (S. 154).

»Was Freuds Sache von uns verlangt, ist nur, daß wir an dem genannten Punkt der Entscheidung um ein wenig geduldiger und abwartender unserm Erkenntniswillen zu Gebote bleiben, daß wir, ohne Rücksicht auf uns selbst, in jener Redlichkeit des Denkens stillhalten, die wir Außendingen gegenüber mit so großem Erfolg von jeher erlernten. Man gebe insofern ruhig zu: Freuds Tendenz warf uns unter die Dinge« (S. 163).

Im »Lebensrückblick« finden sich auch Äußerungen, die ein differenzierteres Wahrnehmen der Person Freuds spiegeln: »Die Reinheit (d. h. die Unvermischtheit mit Nebenfragen und Nebenregungen) der sachlichen Hingegebenheit gerade ergab das Rückhalt- und Rücksichtslose exakter Erkenntnisweise, auch vor dem respektvoll Verborgenen nicht haltzumachen: und so geschah es, daß es ein dem Rationalen restlos Ergebener, der Rationalist in ihm, war, der dem Irrationalen auf diese indirekte Weise auf die Schliche kam« (S. 154).

»Denn Freuds Werk, Freuds Funde beruhen darauf, daß er sich ihrer Durchforschung so restlos menschlich hinhielt; sein ursprüngliches Augenmerk galt nur dem forscherischen Wege und hielt ebenso eisern-zäh an dessen Richtung fest, wie er sich zugleich willig, ohne Abstrich, dem erschloß, was an des Weges Ende sich als dessen letztes Ziel darstellte und dem Erwarteten durchaus zuwiderlief. Beides in eins zu fassen, enthielt eben jene innere Drangabe, die über das erkennerisch Gerichtete allein hinausreicht« (S. 159).

Lou Andreas-Salomé ging an dieser Stelle auch auf Freuds seelischen Kampf ein: »Neben der ungeheuren Gegnerschaft von außen her, die Freuds Werk so opfervoll gemacht, neben Hohn oder Zorn seiner Zeitgenossen, stand auch Freuds seelischer Kampf, unbeirrt und mit ganzem Einsatz nur dem zu folgen, was er einsah, auch entgegen seiner Natur, ja durchaus seinem Geschmack. Will man solches mit den andersgearteten Opfern vergleichen, die Forscher bei ihren Erkundungen an Leben und Leibesschaden brachten, so gleicht sich dem hier ein seelischer Vollzug an durch die Entschlossenheit, Bereitschaft, wenn es denn sein muß, sozusagen aus der eigenen Haut zu springen – ohne zu besorgen, ohne zu beachten, als was man hinterher hautlos zutage käme. Denn Freud der Denker und Freud der Mensch selber bleiben doch in ihrer personalen Auswirkung eben die Zwei, die nur das Opfer eint« (S. 160).

Und sie bemerkte schließlich, »wie sehr erst seiner ratio-ergebenen Forschungsart, am End-Rand dieses unbeirrt verfolgten Weges, sich die Funde aus dem Irrationalen ergaben; man möchte sagen: ein so herrliches Lügenstrafen, daß es den Besiegten zum Sieger einsetzt, weil er sich treu geblieben« (S. 164).

Ein weiteres Motiv, das Lou Andreas-Salomé bewogen haben mag, sich Freud und der Psychoanalyse zuzuwenden, und das ihr selbst wohl weniger bewusst gewesen sein wird, war das, was sie selbst einmal benannte, als sie Freud als das »Vatergesicht« über ihrem Leben bezeichnete: Freud in der Folge ihres »göttlichen Großvaters«, ihres Vaters, ihrer Brüder und ihres Lehrers Hendrik Gillot (Freud und Andreas-Salomé, 1980, S. 227). Nach dem Erleben ihres kindlichen Gottes, was ein naives und unreflektiertes gewesen war, und nach der halbbewusst erlebten und bedrohlich erotisch gefärbten Beziehung zu H. Gillot konnte Lou nun dieses eine große Thema ihres Lebens, die Auseinandersetzung mit einem Übervater, mit Freud im Rahmen einer Arbeitsbeziehung wieder aufgreifen.

In der Beziehung zu Freud fühlte Lou Andreas-Salomé sich geborgen und akzeptiert, ein Gefühl, das sie aus dem kindlichen Erleben des Geborgenseins in der Vaterwelt ihrer Kindheit in viele ihrer späteren (Männer-)Beziehungen hinüberzutransportieren versuchte. Und mangels einer Anziehung in sexueller Hinsicht brauchte sie auch diesbezüglich keine Verwicklungen zu befürchten.

Auf der emotionalen Grundlage, die ihre Beziehung zu Freud ihr bot, konnte Lou Andreas-Salomé sich frei entfalten und, ausgehend von Freuds Lehre, ihre Gedanken und Thesen (weiter)entwickeln. Sie schrieb an Freud: »Für mich ist beides so wichtig und so viel Grund zur Freude: sowohl jeder Punkt der Übereinstimmung mit Ihnen als auch der Umstand, daß Sie von manchem Punkt aus anders gerichtet sind als ich. Denn gerade daran orientiere ich mich: es ist, wie wenn dann an einer Leine gezupft würde – die keine Kette ist sondern nur den Weg gewährleistet. Weil ich dessen sicher sein darf, verklettere ich mich nicht und laufe sorgloser als jemals den Gedanken nach, die mich ihrerseits nicht mehr abfangen können« (Freud und Andreas-Salomé, 1980, S. 51).

Lou Andreas-Salomé unterschied jedoch zwischen dem Freud'schen Fund und den daran geknüpften, oft nachträglich entwickelten Theorien: »Aber wovon ich berichten möchte, bezieht sich nicht auf irgendwelche Theorienbildung, denn auch die fesselndste würde mich nicht haben ablenken können von dem, was Freuds Funde enthielten. Eine Ablenkung davon hätte – wenn man sich sein ›Finden‹ vorstellt – weder ein blendendster Theoretisierer dieser Funde bewerkstelligen können, noch auch würde es geschmälert worden sein durch eine verunglückte oder unvollendete Theorie Freuds selber darüber« (Andreas-Salomé, 1996, S. 165).

Das, was Freud aus seinen Erkenntnissen ableitete, der oft nachträgliche theoretische Unterbau, war für Lou Andreas-Salomé nicht unantastbar und sie behielt sich immer die Freiheit und das Recht vor, ausgehend von der Basis, die er ihr bot und die sie sehr schätzte, eigenständig weiterzudenken. Dass sie damit womöglich nicht mehr konform zur Freud'schen Lehre war, beeinträchtigte für sie aber nicht ihre Beziehung zu Freud. Diese Beziehung war – wie im Briefwechsel gut nachspürbar – geprägt von großer gegenseitiger Zuneigung und Respekt.

Im Hinblick auf Sigmund Freud mutet es dagegen zunächst eher ungewöhnlich an, dass sich gerade der kühle, rationale Freud, für den Frauen Zeit seines Lebens ein »dark continent« (Freud, 1960, G. W., Bd. XIV, S. 241) gewesen waren, die in jeder Hinsicht ungewöhnliche, unkonventionelle und kapriziöse Lou Andreas-Salomé als Vertraute und Ansprechpartnerin wählte.

Von der ersten Begegnung an erwies Sigmund Freud Lou Andreas-Salomé große Hochachtung, Wertschätzung und offene Zugewandtheit. Allein durch ihr Frau-Sein hatte sie in dem männlich dominierten Zirkel um Freud bald eine Sonderrolle. Hinzu kam, dass sie an sich eine auffallende und attraktive Erscheinung war. Sie wurde rasch von seiner Schülerin zu einer Mitarbeiterin, die ihm bald auch näher stand als andere Vertraute.

Welche Motive waren es, die Freud bewogen haben, sich auf die lebenslange und sehr intensive Beziehung zu Lou Andreas-Salomé einzulassen? Warum konnte Freud – der nur wenige Menschen neben sich gelten ließ und sich von Abtrünnigen unter seinen Schülern auch radikal trennte – sie akzeptieren, obwohl sie häufig anderer Meinung war als er und ihren eigenen Kopf hatte?

Ein Blick auf Freuds Frauenbild, tiefsitzende Verhaltensmuster und das Beziehungsgeflecht seiner Kindheit erweist sich als aufschlussreich. In der Familienkonstellation finden sich neben Freuds relativ altem Vater, der unerreichbar und Übervater-mäßig über allem stand, zwei ältere Halbbrüder (der eine fast gleich alt mit Freuds junger Mutter), die als – stärkere – Rivalen mit ihm um die Liebe der Mutter konkurrierten.

Dieses Erleben führte dazu, dass Freud später einerseits immer darauf bedacht war, einen engen Freund und Vertrauten zu haben, als »Sicherheitsallianz« gewissermaßen, andererseits Männer für ihn immer auch als potentiell gefährlich einzuschätzende Konkurrenten waren.

»Einen intimen Freund und einen gehaßten Feind« erachtete Freud für eine gewisse Stabilität in seinem Leben als unerlässlich (Gay, 1989/2000, S. 69). Sowie sich Verschiebungen im Kräfteverhältnis zu seinem Ungunsten abzeichneten, brach er Beziehungen auch einfach ab.

Frauen dagegen waren für Sigmund Freud eher fremdartige Wesen. Geprägt von patriarchalischen Vorstellungen wurden sie vom logisch denkenden, analytischen Verstand einerseits zu minderen Lebewesen degradiert, andererseits vom Gefühl einer Sehnsucht – nach der Mutter – ödipal überhöht.

Von daher passte Lou Andreas-Salomé gut in dieses innere Bild. Eher als seine Ehefrau Martha, die eher dem Bild der biederen Hausfrau entsprach, nachdem sie anfänglich aus Verliebtheit überhöht wurde, war es die schillernde Lou, die uneingestandene emotionale Defizite Freuds zu erfüllen vermochte. In gewisser Hinsicht war sie ihm ebenbürtig, aber er brauchte sie – da sie eine Frau war – nicht als Konkurrentin zu fürchten.

Ein weiterer, die Beziehung Freud/Andreas-Salomé erhellender Aspekt findet sich in dem Aufsatz »Messer im Herz, Dreieck im Kopf: Vignetten zu einer Pornographie der Gefühle« von Bernd

Nitzschke (1988, S. 238 ff.). Nitzschke bemerkte, dass sich ein Faible für eine Art Dreieckskonstellation innerhalb von Beziehungen sowohl bei S. Freud als auch bei Lou Andreas-Salomé findet. Er schrieb: »[…] das Dreieck ist gleichseitig: Von jedem Punkt, in dem sich zwei der Linien treffen, bis zu jedem der noch verbleibenden Punkte ist eine gleichlange Strecke, gedreht wie gewendet, verändert sich das Dreieck in dieser seiner grundsätzlichen Eigenschaft nicht. Der Dritte im Bunde ist austauschbar oder kann ganz einfach seine Position im Dreieck selbst wechseln: Die Szene als solche bleibt stabil. Das Arrangement dient dem Schutz, den der Dritte gegen den Zweiten bietet, gegen die *schreckliche* Nähe des Einen, des Anderen. […] denn wären sie [nur] zu zweien: Die Fläche, die das Dreieck ermöglicht, wäre zusammengefallen, es gäbe nur noch eine Linie zwischen zwei Punkten, und bewegte sich nun der eine Punkt auf den anderen zu, dann drohten die Gefahren der Vernichtung. Am Ende wäre alles nur *ein* Punkt. Und der könnte geradewegs auch *Nichts* sein. Das Dreieck, die Fläche, die zwischen den Punkten liegt, ist dagegen *Etwas*. Zum Beispiel: Raum. Platz. Freiheit. Sicherheit. Abstand. Distanz. […] Der Dritte ist nur vordergründig der gefährliche Rivale. Dahinterliegend wird sein Schutz beschworen: Er soll die drohende Verschlingung, die Rückkehr in die symbiotische Einheit mit der Muttergestalt, aufhalten. Das ist, neben aller Rivalität, seine wesentliche Funktion. […] Schutz gegenüber der […] halt-losen Verstrickung in die symbiotische Zweierbeziehung. […] Was also den Schrecken der Nähe betrifft, so ist der Dritte die rettende Gestalt. Er ist unentbehrlich, wenn zwei einander über das erträgliche Maß hinaus zu nahe kommen« (Nitzschke, 1988, S. 239 ff.).

Diese Dreieckskonstellation findet sich in unterschiedlicher Konfigurierung wiederholt im Leben Freuds wie auch Andreas-Salomés. An dieser Stelle nur ein kurzer Verweis auf so verschiedenartige Beziehungsgeflechte wie Lou Andreas-Salomé/Paul Rée/Friedrich Nietzsche; Lou Andreas-Salomé/F. C. Andreas/R. M. Rilke; S. Freud/Martha Freud/Lou Andreas-Salomé; S. Freud/Anna Freud/Lou Andreas-Salomé.

Die beiderseitige unbewusste Entsprechung in Bezug auf diese Beziehungskonstellation mag ein weiterer Grund gewesen sein, der diese zwei zunächst so unterschiedlich gearteten Menschen

Sigmund Freud und Lou Andreas-Salomé für eine Beziehung miteinander prädestinierte.

Ebenso wie Lou Andreas-Salomé fühlte sich auch Freud in dieser Beziehung in vielerlei Hinsicht »sicher« und konnte ihre Anregungen, die er als solche betrachtete, einfach »genießen und auf sich wirken lassen«, ohne sich dadurch in Frage gestellt zu fühlen. Er schrieb 1917 an sie: »Ich werde weder ›Ja‹ noch ›Nein‹ sagen, noch Fragezeichen austeilen, sondern tun, was ich mit Ihren Anmerkungen immer getan habe: sie genießen und auf mich wirken lassen. Es ist ganz unverkennbar, wie sie mir jedes Mal voraneilen und mich ergänzen, wie sie sich seherisch bemühen, meine Bruchstücke zum Bau zu ergänzen« (Freud und Andreas-Salomé, 1980, S. 68).

Freud war sich gewisser Differenzen, divergierender Meinungen, unterschiedlicher Herangehensweisen und zum Teil gegensätzlicher Ansichten durchaus bewusst: »Jedesmal, wenn ich einen Ihrer begutachtenden Briefe lese, verwundere ich mich über Ihre Kunst, über das Gesagte hinauszugehen, es zu vollenden und bis zu einem fernen Treffpunkt konvergieren zu machen. Natürlich gehe ich nicht gleich mit. Ich verspüre oft so wenig synthetisches Bedürfnis. Die Einheit dieser Welt scheint mir etwas Selbstverständliches, was der Hervorhebung nicht wert ist. Was mich interessiert, ist die Scheidung und Gliederung dessen, was sonst in einen Urbrei zusammenfließen würde. […] Kurz, ich bin offenbar Analytiker und meine, die Synthese macht keine Schwierigkeiten, wenn man erst die Analyse hat« (S. 35 f.).

»Ich bewundere jedes Mal von Neuem Ihre Kunst der Synthese, welche die durch Analyse gewonnenen disjecta membra [getrennte, zerstreute Glieder] zusammenfügt und mit lebendem Gewebe umhüllt. […] An einigen Stellen kann ich Ihnen nur mit der Ahnung folgen, wo Sie es unternehmen, Dinge zu beschreiben, die ich als dem Wort noch nicht unterworfen vermieden habe […]. Sie werden verstehen, daß es nur Anerkennung sein kann, was sich hinter solchen Einwendungen verdeckt« (S. 75).

»Sie haben, wie gewohnt, kleine Leistung mit großem Lob empfangen und mehr zurückgegeben, als man Ihnen bringen konnte« (S. 91).

»Seien Sie über die Anrede ›Versteherin‹ nicht böse; ich weiß wohl, daß Sie mehr leisten, aber von allem anderen ist das tiefe Verstehen – mehr verstehen, als da steht – die Grundlage« (S. 53).

Wo Freud naturwissenschaftlich und analytisch-zergliedernd arbeitete, fügte Lou Andreas-Salomé eine geisteswissenschaftliche Komponente hinzu und führte so intuitiv wieder mehr in Richtung Synthese. Freud konnte Lou und ihre teilweise unkonventionellen Gedanken zumindest wohlwollend zur Kenntnis nehmen. Er kritisierte sie nicht und ließ es – meist unkommentiert – einfach so stehen.

Erst spät erkannte er ihre tatsächliche Überlegenheit in vielerlei Hinsicht an. In seinem Antwortschreiben auf ihre Schrift »Mein Dank an Freud« (Andreas-Salomé, 1990), die Lou zum 75. Geburtstag von Freud verfasst hatte, schrieb er 1931: »Es ist gewiß nicht oft vorgekommen, dass ich eine psa. [psychoanalytische] Arbeit bewundert habe, anstatt sie zu kritisieren. Das muß ich diesmal tun. Es ist das Schönste, was ich von Ihnen gelesen habe; ein unfreiwilliger Beweis Ihrer Überlegenheit über uns alle […]. Es ist eine echte Synthese, nicht die unsinnige, therapeutische unserer Gegner, sondern die echte, wissenschaftliche« (Freud und Andreas-Salomé, 1980, S. 213).

Schnitt- und Scheidepunkt Ödipalität: Eine subtil geführte Auseinandersetzung

Im folgenden Kapitel wird das Augenmerk auf einen »Grundpfeiler« der Psychoanalyse gerichtet (Freud, 1960, G. W., Bd. XIII, S. 223): Ein Kernstück in Freuds psychoanalytischem Gedankengebäude bildet der Ödipuskomplex. Dieser wird zunächst in den Grundzügen dargestellt. Daran anschließend folgt eine Betrachtung aus weiblicher Sicht: Lou Andreas-Salomés Antwort auf die Frage, wer – im Hinblick auf den Ödipuskomplex – eigentlich wen und mit welchen Folgen totgeschlagen habe und warum es, ihrer Ansicht nach, vielleicht auch alles ganz anders gewesen sein könnte.

Sigmund Freud: Der Ödipuskomplex und seine Folgen

Der Begriff des Ödipuskomplexes taucht ab ca. 1910 in den Freud'schen Schriften auf, zum Beispiel in »Über einen besonderen Typus der Objektwahl beim Manne« (Freud, 1960, G. W., Bd. VIII, S. 73). Gedanken, die um diese Thematik kreisen, finden sich jedoch schon früher, etwa in Briefen an seinen Freund Wilhelm Fließ[18] im Jahr 1897: »[Man] versteht die packende Macht des Königs Ödipus […] die griechische Sage greift einen Zwang auf, den jeder anerkennt, weil er dessen Existenz in sich verspürt hat« (Laplanche und Pontalis, 1999, S. 352).

Der Ödipuskomplex beschreibt die organisierte Ganzheit von Liebes- und feindseligen Wünschen eines Kindes gegenüber den Eltern. Er kann in seiner positiven Form auftreten als ein Todes-

18 Wilhelm Fließ (1858–1928), Berliner HNO-Spezialist.

wunsch gegenüber dem Rivalen gleichen Geschlechts und als sexuelle Wünsche gegenüber dem gegengeschlechtlichen Elternteil. Das entspräche dem klassischen Ödipuskomplex, wie er in der Sage »Ödipus Rex« von Sophokles beschrieben wurde. In der sogenannten negativen Form findet sich entsprechend die Liebe für den gleichgeschlechtlichen Elternteil und eifersüchtiger Hass für den gegengeschlechtlichen Part.

Meist treten beide Formen in unterschiedlicher Ausprägung auf und auch eine Reihe gemischter Fälle sind möglich.

Der Ödipuskomplex, wie er sich bei Freud beschrieben findet, trete meist zwischen dem 2. und 5. Lebensjahr auf, also während der Zeit der phallischen Phase. Er beschreibe die Situation des Kindes in einem Beziehungsdreieck, der Triangulierung Vater–Mutter–Kind, im Gegensatz zur dualen Mutter-Kind-Beziehung während der präödipalen Phase. Sein Untergang markiere den Eintritt des Kindes in die Latenzphase (5. bis 11. Lebensjahr). In der Pubertät könne es zu einem Wiederauftreten des Ödipuskomplexes kommen, was dann seinen Ausdruck finde durch einen besonderen Typus der Objektwahl.

Der Ödipuskomplex spiele laut Freud eine entscheidende Rolle im Hinblick auf die Entwicklung, Organisation und Strukturierung der Persönlichkeit (Bildung der verschiedenen Ich-Instanzen, besonders des Über-Ich und des Ich-Ideals) und die Entwicklung und Ausrichtung der Sexualität des Menschen hinsichtlich seines Zugangs zur Genitalität und der Wahl des späteren Liebesobjekts. Eine entscheidende Bedeutung habe die Lösung des Ödipuskomplexes.

Freud maß dem Ödipuskomplex eine fundamentale Bedeutung zu, die sich in seiner Hypothese über den »Mord am Urvater« (Freud, 1960, G. W., Bd. IX) wiederfindet. In diesem Mythos des Mordes am Urvater sah Freud den Uranfang der Menschheit, wobei es nicht um einen realen Vatermord gehe, sondern um das Auftreten einer verbietenden Instanz, die sich insbesondere im Inzestverbot ausdrücke und die eine gesuchte Befriedigung verbiete. Man könnte auch sagen, dass es sich um einen »Kernkomplex« handele, durch den dann im Rahmen des Überwindungsprozesses, durch die Integration dieser Instanz, das Über-Ich entstehe (Laplanche und Pontalis, 1999, S. 353).

Beim Jungen markiere die Kastrationsangst den Untergang

des Ödipuskomplexes. Unter Kastrationsdrohung könne man alle Missbilligungen und Frustrationen der ödipalen Impulse zusammenfassen, die von den Eltern ausgehen, zum Beispiel das Onanieverbot. Durch Projektion werde daraus für das Kind die Kastrationsdrohung. Diese Drohung, bzw. die Angst davor, sei so groß, dass der Ödipuskomplex daran »zerschelle« (Freud, 1960, G. W., Bd. XIV, S. 29). Die libidinösen Objektbesetzungen würden aufgegeben und durch Identifizierung mit dem Vater bzw. mit der Vaterinstanz ersetzt.

Das narzisstische Interesse am Penis überwiege vor der Befriedigung des Ödipuskomplexes: »Wenn die Liebesbefriedigung auf dem Boden des Ödipuskomplexes den Penis kosten soll, so muß es zum Konflikt zwischen dem narzißtischen Interesse an diesem Körperteile und der libidinösen Besetzung der elterlichen Objekte kommen. In diesem Konflikt siegt normalerweise die erstere Macht; das Ich des Kindes wendet sich vom Ödipuskomplex ab« (Freud, 1960, G. W., Bd. XIII, S. 398).

»Die Objektbesetzungen werden aufgegeben und durch Identifizierungen ersetzt. Die ins Ich introjizierte Vater- oder Elternautorität bildet dort den Kern des Über-Ichs, welches vom Vater die Strenge entlehnt, sein Inzestverbot perpetuiert und so das Ich gegen die Wiederkehr der libidinösen Objektbesetzung versichert. Die dem Ödipuskomplex zugehörigen libidinösen Strebungen werden z. T. desexualisiert und sublimiert, was wahrscheinlich bei jeder Umbesetzung in Identifizierung geschieht, z. T. zielgehemmt und in zärtliche Regungen verwandelt« (Freud, 1960, G. W., Bd. XIII, S. 399).

Auf den Verlust eines Liebesobjektes werde mit einer Aufrichtung des Objektes im Ich reagiert: »So kann man als allgemeinstes Ergebnis der vom Ödipuskomplex beherrschten Sexualphase einen Niederschlag im Ich annehmen, welcher in der Herstellung dieser beiden, irgendwie miteinander vereinbarten Identifizierungen besteht. Diese Ichveränderung […] tritt dem anderen Inhalt des Ichs als Ich-Ideal oder Über-Ich entgegen« (Freud, 1960, G. W., Bd. XIII, S. 262).

Die Überwindung des Ödipuskomplexes führe also zur Schaffung des Über-Ich, welches somit das Erbe des Ödipuskomplexes sei: »Beim Knaben […] wird der Komplex nicht einfach verdrängt, er zerschellt förmlich unter dem Schock der Kastrationsdrohung. Seine libidinösen Besetzungen werden aufgegeben, desexualisiert und zum Teil sublimiert, seine Objekte dem Ich einverleibt, wo sie den Kern des Über-Ichs bilden […] Im normalen, besser gesagt: im idealen Falle besteht dann auch im Unbewussten kein Ödipuskomplex mehr, das Über-Ich ist sein Erbe geworden« (Freud, 1960, G. W., Bd. XIV, S. 29).

Beim Mädchen gestalte sich dieser Prozess etwas anders. Vorangestellt sei die Bemerkung, dass Freud die weibliche Entwicklung und Sexualität ohnehin für komplexer hielt. Er glaubte, »daß die Entwicklung des kleinen Mädchens zum normalen Weibe die schwierigere und kompliziertere ist« (Freud, 1960, G. W., Bd. XV, S. 124).

Hinsichtlich der Lösung des Ödipuskomplexes beim weiblichen Kind hieß es bei Freud: »Mit der Ausschaltung der Kastrationsangst [beim Mädchen] entfällt auch ein mächtiges Motiv zur Aufrichtung des Über-Ichs und zum Abbruch der infantilen Genitalorganisation« (Freud, 1960, G. W., Bd. XIII, S. 401).

Laut Freud entfalle dadurch beim Mädchen »das Motiv für die Zertrümmerung des Ödipuskomplexes. Die Kastration hat ihre Wirkung bereits früher getan und diese bestand darin, das Kind in die Situation des Ödipuskomplexes zu drängen. Dieser […] kann dann langsam verlassen, durch Verdrängung erledigt werden, seine Wirkungen weit in das für das Weib normale Seelenleben verschieben. Man zögert es auszusprechen, kann sich aber doch der Idee nicht erwehren, dass das Niveau des sittlich Normalen für das Weib ein anderes wird. Das Über-Ich wird niemals so unerbittlich, so unpersönlich, so unabhängig von seinen affektiven Ursprüngen, wie wir es vom Manne fordern« (Freud, 1960, G. W., Bd. XIV, S. 29).

Freud beschrieb mögliche Entwicklungsrichtungen: »Der erste führt zu einer Abwendung von der Sexualität […]. Die zweite Richtung hält in trotziger Selbstbehauptung an der bedrohten Männlichkeit fest; die Hoffnung, noch einen Penis zu bekommen, bleibt bis in unglaublich späte Zeiten aufrecht (Männlichkeitskomplex). Erst eine dritte, recht umwegige Entwicklung mündet in die normale weibliche Endgestaltung aus, die den Vater als Objekt nimmt und so die weibliche Form des Ödipuskomplexes findet. Der Ödipuskomplex ist also beim Weib das Endergebnis einer längeren Entwicklung, er wird durch den Einfluß der Kastration nicht zerstört, sondern durch ihn geschaffen, er entgeht den starken feindlichen Einflüssen, die beim Mann zerstörend auf ihn einwirken, ja er wird allzuhäufig vom Weib überhaupt nicht überwunden« (Freud, 1960, G. W., Bd. XIV, S. 522 ff.).

»Das Mädchen verbleibt in ihm [dem Ödipuskomplex] unbestimmt lange, baut ihn nur spät und dann unvollkommen ab« (Freud, 1960, G. W., Bd. XV, S. 138). Daraus folgerte Freud: »Die Bildung des Über-Ichs muß unter diesen Verhältnissen leiden, es kann nicht die Stärke und die Unabhängigkeit erreichen, die ihm seine kulturelle Bedeutung verleihen« (S. 138).

Das Über-Ich von Frauen werde somit laut Freud nur mangelhaft ausgebildet, wodurch die Frau als kulturschaffendes Wesen dementsprechend auch nur eine untergeordnete Rolle spielen könne: »Der Ödipuskomplex wird all zu häufig vom Weib überhaupt nicht überwunden. Darum sind auch die kulturellen Ergebnisse seines Zerfalls geringfügiger und weniger belangreich« (Freud, 1960, G. W., Bd. XIV, S. 523).

Im Hinblick auf Freuds Einschätzung der weiblichen Entwicklung sei noch anzumerken, dass er schließlich doch selbstkritisch bemerkte: »[…] im Ganzen muß man zugestehen, daß unsere Einsichten in die Entwicklungsvorgänge beim Mädchen unbefriedigend, lücken- und schattenhaft sind« (Freud, 1960, G. W., Bd. XIII, S. 401).

Der Ödipuskomplex habe laut Freud nicht nur eine maßgebliche Rolle in der Entwicklung, Strukturierung und Organisation der Persönlichkeit, sondern auch bei der Entwicklung der Sexualität des Menschen und insbesondere im Hinblick auf die spätere Objektwahl: »Was internalisiert wird und in der Strukturierung der Persönlichkeit bleibt, das sind, wenigstens ebenso sehr wie diese oder jene Elternimago, die verschiedenen Beziehungstypen, die zwischen den Scheiteln des Dreiecks bestehen« (Laplanche und Pontalis, 1999, S. 356).

Mit dem Zusammenhang zwischen früher Sexualentwicklung, der Art und Weise, in welcher der Ödipuskomplex gelöst werde, und der Objektwahl nach der Pubertät, hat sich Freud vor allem in seiner Abhandlung »Zur Einführung des Narzissmus« (Freud, 1960, G. W., Bd. X) sowie in weiteren Schriften beschäftigt. Zum charakteristischen Typus der Objektwahl bei Mann und Frau schrieb er: »Die Vergleichung von Mann und Weib zeigt dann, daß sich in deren Verhältnis zum Typus der Objektwahl fundamentale, wenn auch natürlich nicht regelmäßige Unterschiede ergeben. Die volle Objektliebe nach dem Anlehnungstyp ist eigentlich für den Mann charakteristisch. Sie zeigt die auffällige Sexualüberschätzung, welche wohl dem ursprünglichen Narzißmus des Kindes entstammt und somit einer Übertragung desselben auf das Sexualobjekt entspricht. […] Anders gestaltet sich die Entwicklung bei dem häufigsten, wahrscheinlich reinsten und echtesten Typus des Weibes. Hier scheint durch die Pubertätsentwicklung durch die Ausbildung der bis dahin latenten weiblichen Sexualorgane eine Steigerung des ursprünglichen Narzißmus aufzutreten, welche der Gestaltung einer ordentlichen, mit Sexualüberschätzung ausgestatteten Objektliebe ungünstig ist« (Freud, 1960, G. W., Bd. X, S. 154).

Insgesamt stellen sich die Entwicklungsmöglichkeiten für Frauen bei Freud eher ungünstig dar. Sie bleiben irgendwie und recht diffus im Ödipuskomplex stecken, woraus eine nur schwache Über-Ich-Ausbildung resultiere, was sie – für Freud – als kulturschaffende Wesen schon gleich als weniger befähigt erscheinen lasse. Und aufgrund der unzureichenden Überwindung der ödipalen Konstellation, verstärkt durch eine stärkere Ausprägung des »ursprünglichen Narzissmus« und der dementsprechend kompensatorisch fehlgeleiteten Objektbesetzungen, scheint sich dies auch auf ihre Beziehungsfähigkeit nachteilig auszuwirken.

Nach dieser Darstellung des Ödipuskomplexes, wie er sich bei Freud beschrieben findet, folgt eine Stellungnahme aus weiblicher Sicht.

Lou Andreas-Salomé: »Was daraus folgt, daß es nicht die Frau gewesen ist, die den Vater totgeschlagen hat«

Dieser nur wenige Seiten umfassende Text ist erstmalig im »Almanach für das Jahr 1928« im Internationalen Psychoanalytischen Verlag Wien erschienen. Schon der Titel verrät eine Anknüpfung an die Freud'sche These, dass »das menschliche Urverbrechen im Totschlag am Vater bestanden habe« (Andreas-Salomé, 1990, S. 237), was dann – fortgesetzt – im Ödipuskomplex (des Jungen) eine ständige Wiederholung finde. Wobei Lou Andreas-Salomé es etwas anders ausdrückte; sie bezeichnete es als eine »infantile Gedankenwiederholung im Sohn, dessen Mutterbindung sich am Vater stößt« (S. 237).

Von der Urschuld, die sich daraus für die Söhne ergebe, blieben die Töchter jedoch ihrer Ansicht nach verschont. Aufgrund der Tatsache, dass Mutter und Vater jeweils unterschiedliche, aber doch sowohl für das männliche als auch weibliche Kind durchaus äquivalente Bedeutungen erlangten (Mutter: »Schoß, dem sie entstiegen«; Vater: »Gesetz, das ihr weiteres Leben regelt«), habe die umgekehrte Sachlage, also die Mutterkonkurrenz des Mädchens (die weibliche Form des Ödipuskomplexes), nicht dieselbe Bedeutung wie der Vatermord des Jungen (Andreas-Salomé, 1990, S. 237). Dies hatte Freud – wie oben beschrieben – angedeutet, aber gedanklich nicht weiter ausgeführt.

Der Vatermord stehe in der Folge des besagten Urverbrechens: Im »Stammesvater« werde der »Herr der Welt« erschlagen, der »regelnde Maßstab, das zukunftsbestimmende Vorbild« (S. 237). Auf diese Schuld folge folge laut Lou Andreas-Salomé Reue, ein Wiederaufrichten dieses Vorbildes und umso unbedingterer Gehorsam. Es handele sich also um einen versuchten Befreiungsakt, der aber – wie sie es ausdrückte – durch Vernichtung des Vorbildes eher zu einem Identitätsverlust führe. Um diesen Verlust zu kompensieren, werde dann ein neuer »Gott« (d. h. ein identitätsstiftendes Vorbild) geschaffen.

Lou Andreas-Salomé hinterfragte an dieser Stelle, welches Motiv sich hinter diesem Muster der »Reue und Unterwerfung [verberge], wodurch der Vater zum Richter, zum Gnadenherrn, zum mehr und mehr Vergöttlichten sich erhebt und der Gehorsam mehr und mehr zur Anbetung« (S. 237). Sie sah hier eine Analogie zur Erotik. Der Vorgang der Überschätzung war ihr vom Erotischen her bekannt: »Das Erotische ist ein Rausch der Überschätzung (S. 237).

Zunächst betrachtete sie den »männlichen Liebestypus«, der dem der »Anlehnung« entspreche (Andreas-Salomé, 1990, S. 237 f.). Bei dieser Objektwahl nach dem Anlehnungstyp komme es – laut Freud – zu einer »Sexualüberschätzung, welche wohl dem ursprünglichen Narzißmus des Kindes entstammt und somit einer Übertragung desselben auf das Sexualobjekt entspricht«; eine »Verarmung des Ichs an Libido« sei die Folge (Freud, 1960, G. W., Bd. X, S. 154). Daraus resultiere – laut Andreas-Salomé –, dass man »sich an Überschätzung des Liebesobjektes kaum genug tun kann und erst mittels der Gegenliebe seines Selbstwertes wieder gewiß wird« (Andreas-Salomé, 1990, S. 238). Sie verfolgte die Ursachen dieses Verhaltens zurück zu einem »Gefühlshintergrund«, den Freud als Narzissmus bezeichnet habe, eine Art Urzustand, Ureinheit, in dem man ruhe: »unabgehoben von unserer Umgebung – sie einbegreifend in uns und hinwiederum ihr einverleibt« (S. 238).

Durch eine entstehende und wachsende Bewusstheit erfolge laut Andreas-Salomé eine zunehmende Welt- und Selbstunterscheidung, und der Narzissmus erhalte Anschlüsse nach außen, wodurch man gewissermaßen zunehmend aus der Einheit herausfalle und dadurch sich selbst ein Stück verliere.

Es komme zu einem Sich-Zerteilen »in bewußte Eigenliebe und Liebesüberbrückungen zu den Einzelobjekten draußen« (S. 238). Dieses Geschehen manifestiere sich am frühesten am leiblichen Erleben, worin sich der eigene Zustand quasi widerspiegle. Der Körper sei zum einen ein Teil der Außenwelt/Materie, gleichzeitig aber auch man selbst: »Infolgedessen vereint das Leibliche dauernd in sich sowohl den unheimlichen Grenzstrich für unsern Narzißmus, als auch den Bindestrich, der uns lebenslang an einen letzten Punkt narzißtisch berechtigt erhält, – Welt und Selbst ineinandergeschachtelt hält, trotzdem unser Bewußtsein beide in ein Gegenüber auseinander tat« (S. 238).

In der körperlichen Liebe werde dann »die alte Urverwandtschaft uns zur neu erlebten Tatsache« (S. 238). Man finde die verlorene Einheit im Anderen wieder und erlebe dadurch auch sich selbst wieder als Einheit. Da es das jeweilige Liebesobjekt sei, wodurch man diesen Urzustand wiedererlebe, komme es zu besagter Überschätzung – nun im Sinne von Überhöhung gemeint: »[…] es [das Objekt] momentan zum Träger und Inbegriff von allem machend, wie wir es uranfänglich innerhalb unserer zu sein glaubten« (S. 238).

Laut Andreas-Salomé führe das dazu, dass man sich verliere, wenn zuviel Libido vom Ich-Trieb auf den Sexualtrieb verlagert werde. Der Andere solle dann als eine Art Ersatz, als »Spiegel« gewissermaßen dienen, um das fehlende Selbst zu kompensieren.

Eine Erhöhung des Anderen – weil man ihn brauche – erhöhe auch den eigenen reflektierten Selbstwert.

Hierin sah Lou Andreas-Salomé ein Motiv für das Muster der Überhöhung und Vergöttlichung. Ein anderes Motiv sah sie in der Schuld: »Erst die Schuld schlägt in den Narzißmus die nötige weitere Gefühlsbresche, die der sachlichen Bewußtseinsentwicklung entspricht. Was sich narzißtisch erst recht Raum schaffen wollte, als es den Vater aus der Welt hinausdachte, hat gerade sich damit tödlich getroffen, hat das Ihm-selbst-Gleichste, sein eigenes Zukunftsbild damit hinweggelöscht, sich mit sich in Zwiespalt gesetzt. Gefühlsmäßig ist erst die Schuld ein Innewerden dessen, daß man nicht ›Alles‹ ist; an ihr erst wird man etwas zunichte, um etwas zu werden: dies zu Werdende steigt unermeßlich hoch auf, um von oben her mit dem zu locken, was man zu sein schon wähnte« (Andreas-Salomé, 1990, S. 238 f.).

Die Schuld, bzw. der Verlust (der Selbstverlust beim Herausfallen aus der Einheit oder die vernichtete im Werden begriffene Identität durch den Vatermord), werde einem dabei bewusst. Um das auszugleichen, erfolge eine Überhöhung des Objektes: Das, was man verloren habe bzw. verloren zu haben glaube und was nun das zu Erringende sei, werde hoch bewertet. Dieses Einführen einer Wertung resultiere aus dem Vergleich, und im Grunde gehe es darum, dass »das quantitativ Ausschließliche, Unteilbare, das man vor sich selbst darstellt [die ursprüngliche Einheit] qualitativ ersetzt zu werden strebt« (S. 239). Daraus folgerte Lou Andreas-Salomé: »Der Anspruch, alles zu sein, wandelt sich in die Aufforderung, sich anzustrengen; das infantil Gewünschte wird zur männlichen Aktion am Leben« (S. 239).

Diese männliche Aktion am Leben könnte man im Sinne von Lou Andreas-Salomé dahingehend verstehen, dass immer wieder neue Götter geschaffen werden müssen, um die verloren gegangenen zu ersetzen, was sich im männlichen Leistungsstreben, der Schaffung von Statussymbolen oder in einem Versinken im »Rausch der Überschätzung« des Erotischen äußere, wobei die Frau dann quasi doppelt als eine Art Trophäe fungiere: einmal als »Errungenschaft« und einmal als »Spiegel« (Andreas-Salomé, 1990, S. 237).

Dieses männliche Prinzip der Selbstverwirklichung habe ihrer Ansicht nach aber eher einen Selbstverlust zur Folge, der dann wiederum Anlass sei, dies durch neuerliche Ersatzbefriedigung zu kompensieren. An dieser Stelle fand eine subtile Umbewertung von Seiten Lou Andreas-Salomés statt.

Freud hingegen sah eben in dieser männlichen Aktion am Leben einen positiven Ausdruck des männlichen, starken Über-Ich, als Folge des erfolgreich überwundenen Ödipuskomplexes, wodurch sich der Mann gerade als (Kultur-)schaffendes Wesen qualifiziere. Für das weibliche Geschlecht stelle es sich – laut Lou Andreas-Salomé – anders dar: Die Frau »fällt gleichsam nicht ganz heraus aus der Vaterliebe« (S. 239).

Im Gegensatz zum Jungen, für den der Vatermord im Rahmen des Ödipuskomplexes eine vermeintliche Befreiung darstelle, aus der aber ein Identitätsverlust resultiere, der den Jungen in Zwiespalt setze und was die oben genannten Mechanismen nach sich ziehe, sei die Beziehung des Mädchens zum Vater »zwiespaltloser«: Das Mädchen überschätze die Vaterbeziehung zwar auch, aber das führe eher zu einer »Verfeinerung bis ins Geistige«, das heißt, es finde eine Transformation auf eine andere Ebene statt. Aufgrund der »leiblichen Urverwandtschaft«, die Lou Andreas-Salomé in der »sich darin verwirklichenden Vater (=Gottes=) Kindschaft« sah und was einem Aufgehobensein in der Einheit entspreche, komme es nicht zu einem Verlust von Identität, sondern eher im Gegenteil: Es erfolge eine Abrundung und Harmonisierung des weiblichen Wesens (Andreas-Salomé, 1990, S. 239).

Weiter führte Lou Andreas-Salomé dann aus – wobei sie indirekt auf Äußerungen Freuds bezüglich des Ausgangs des weiblichen Ödipuskomplexes einging: »In jedem Fall behauptet man [Freud] nicht ganz zu Unrecht, dem gesamten Geschlecht gehe das eigentliche Gefühlsverständnis ab für letzte Gewissensstrenge und Gesetzesordnung, für das von außen her Bestimmende, Imperativische, als habe es da eine Art von Nüchternheit vor dem empfindlicher reagierenden Manne voraus: es hat eben seine Gesetzlichkeit und Ordnung anderswo« (S. 239 f.).

Damit bezog sich Lou Andreas-Salomé auf oben Beschriebenes. Entsprechend einer »Kreishaftigkeit« des weiblichen Wesens, die sie im Zusammenhang mit dem fortwährenden Eingebundensein in eine umfassendere Einheit sah, ruhe die Frau gewissermaßen in sich und habe dort eine eigene »Gesetzlichkeit und Ordnung«.

Der Mann aber sei – ausgehend von seiner Situation zwischen »Schuld und Begehren« und dem ewigen Kampf, der sich daran anschließe, und dem Versuch, »sich am strafenden Gegenüber seiner eigenen Wertgebungen von einer Stufe zur anderen hochzuringen« – gerade durch sein starkes Über-Ich, das Freud so hervorhebt, seiner »Überstrenge« eher ausgeliefert (Andreas-Salomé, 1990, S. 240).

Somit seien Frauen, da sie in sich ruhen, die weit unabhängigeren Wesen. Lou Andreas-Salomé fügte dann aber versöhnlicher noch hinzu, dass der Mann, obwohl »ganz auf Aktion gestellt«, darin – also in der Art der Handlung – durchaus auch weiblich zu sein vermöge: »[…] daß er darin fast an die Haltung des Weibes rührt« (S. 240).

Weiter bemerkte sie: »Es ist interessant, wie beider Charakteristik sich von hier aus fast umstülpen läßt, ohne die Tiefe der Wesensverschiedenheit zu vermindern« (S. 240).Was sie darauf zurückführte, dass, »wo jedes Geschlecht sich voll auswirkt, es an die Grenzen des andern gelangt: es schafft sich zurande, indem es über sich hinausschafft in das menschlich Wesentliche, das […] doch allem einheitlich zugrunde liegt« (S. 240).

Da »weiblich« für Lou Andreas-Salomé gleichbedeutend war mit Einheit-Verbundensein, nähere sich der Mann durch wesenhaft weibliches Verhalten dieser Einheit somit ein Stück wieder an.

Sie fragte dann weiter, wo für die Frau der »fruchtbare Punkt« sei, wo sie sich »über sich selbst hinaus öffnet« und aus sich, aus ihrem Kreis, der das Weibliche bedeute, herausgehe (S. 240). Ausgehend vom Leiblichen (er)schaffe die Frau laut Lou Andreas-Salomé durch die Mutterschaft aus sich heraus einen neuen Lebenskreis. Dies ähnele wiederum einer männlichen Wesensleistung: »zeugend, nährend, schützend, führend« (S. 240). Hierdurch nähere sich die Frau dem Männlichen an. Sie wecke aber dadurch – da sie somit zu einem Rivalen und zu einer potentiellen Gefahr werde – gleichzeitig auch seinen Neid. Gerade durch »des Leibes Mysterium« werde die Frau für den Mann völlig un(be)greifbar und rücke damit auf eine ähnliche Stufe wie seine Mutter, die ihm »das Unerreichliche des Schönsten« bedeute (S. 240).

Das Ganze habe zur Folge, dass die Frau zu einer Art Symbol für den Mann werde. Dieses männliche Bild – im Sinne einer Vorstellung oder eines Ideals – von der Frau, bzw. des Weiblichen an sich, sah Lou Andreas-Salomé »zwischen Kreaturlichem und Überpersonellem« angesiedelt, wobei die Frau dabei zu einem »Mittelding zwischen Dirne und Madonna« werde, entsprechend dem Symbol, das der Mann zuvor aus ihr gemacht habe – ausgehend von seiner Situation »zwischen Schuld und Begehren« (240 f.).

Da beide Vorstellungen dem Mann Angst machen würden, wandele er diese um in das Bild einer »würdigen Gattin« (S. 241), um die Frau somit begrenzter und fassbarer zu machen. Da dadurch der Frau eine Rolle übergestülpt und gleichzeitig auch Teile von ihr eliminiert würden, sei das eine Kränkung: Die Frau wurde kränkbar.

Lou Andreas-Salomé sah hier quasi die Wiege des Geschlechterkampfes: Durch diese »Möglichkeit der Versklavung durch den Menschen [laut Andreas-Salomé: durch den Mann] mußte eine Gleichheitssucht entstehen (der ›Penisneid‹), Wettkampf um Rechte« (S. 241).

Es stehe der Frau frei – so Andreas-Salomé –, diese ihr vom Mann übergestülpte Rolle zu übernehmen, sie solle sich nur darüber bewusst sein, dass dadurch »unvermeidlich, ihre ureigensten Quellengebiete dabei eintrocknen, daß sie damit die Grenze übertritt zur Dürre und Drangsal von Zwiespalten, die sie, in Rebellenehrgeiz und Schuld, sich selbst entfremden, kurz: daß sie den Vater totzuschlagen beginnt« (S. 241).

Ein mögliches Ziel sah Lou Andreas-Salomé in einem Miteinander: Sowohl der Mann als auch die Frau sollten gerade das »Zweierlei nicht verloren [...] geben aneinander nach der sanktionierten Methode des gegenseitigen Sichabschleifens und Abflachens, – sondern es in größtmöglichem Spielraum sich ausweiten und vertiefen zu lassen bis an den Wesensrand des Andern und gerade von dorther das einfühlende Verständnis für ihn zu gewinnen« (S. 241). Jeder solle in sich somit auch die gegengeschlechtlichen Anteile entwickeln.

In Hinblick auf das »übliche und üble Ehe-Ideal« befand Lou Andreas-Salomé, dass es eine Abwendung geben solle von der herrschenden »gewaltsamen Ausschließlichkeit« im Hinblick auf die Rollenverteilung in einer Partnerschaft (S. 241). Stattdessen solle jeder der Partner (und genau das sollten sie füreinander werden) jeweils Seins, also das jeweils Weibliche/Männliche, ausleben und vertiefen in entsprechendem weiblichen/männlichen Tun. In der

Art des Tuns sollten dann aber auch das jeweils gegengeschlechtliche Wesenhafte bzw. die entsprechenden Anteile entwickelt werden.

Auch müsse die Frau – so Lou Andreas-Salomé – »noch im Manne des Vaters Kind« sehen und lieben und den Mann betrachten als Teil bzw. Entsprechung des beide verbindenden Vaters und – im Sinne der oben erwähnten »Vater (=Gottes=) Kindschaft« – auch der ursprünglichen Einheit. Beide, die Frau (als Tochter) und der Mann (als Sohn), seien somit durch ihre Beziehung zum Vater und als jeweils Teile dieser Einheit »wahrhaft verschwistert« (Andreas-Salomé, 1990, S. 242). Hierin klingt an, dass Lou Andreas-Salomé, ausgehend von ihrem eigenen Kindheitserleben, geneigt war, Männer potentiell erst einmal als Brüder zu sehen.

Für die Frau bedeute das – neben oben Gesagtem – im Hinblick auf Partnerschaft, dass sie im Mann einen sie ergänzenden Teil einer ursprünglich gegebenen Einheit sehen bzw. finden könne, also ein Gegenüber, einen Partner, wobei im Miteinanderumgehen dann eine wirkliche Entwicklungsmöglichkeit liege.

Für den Mann dagegen gelte: »[...] auch des Mannes echteste Verehrung, ja Vergöttlichung, des Weiblichen ist ja eine übertragene, – sie geht über die Vaterwitwe« (Andreas-Salomé, 1990, S. 242). Dieser Satz, den Lou Andreas-Salomé als Schlusssatz hingestellt und nicht weiter erläutert hat, bedarf einer näheren Betrachtung.

Durch die Wortwahl – »Vaterwitwe« anstelle von »Mutter« – wird impliziert, dass der Mann durch die Frau (die im Rahmen der Objektwahl nach dem Anlehnungsprinzip quasi die Nachfolge der Mutter und somit der Vaterwitwe antritt) beständig an diesen Vatermord erinnert werde: an den Identitätsverlust, den er erlitten habe, indem er »sein eigenes Zukunftsbild damit hinweggelöscht« und »sich mit sich in Zwiespalt gesetzt« (Andreas-Salomé, 1990, S. 238) habe, was er einerseits durch die »männliche Aktion am Leben« zu kompensieren versuche, andererseits auch dadurch, dass er im Anderen (sprich: der Frau) einen Spiegel bzw. Ersatz für den verlorenen Teil von sich selbst suche.

Dadurch, dass der Mann die Frau (aufgrund der Objektwahl nach dem Anlehnungsprinzip) gar nicht als sie selbst und somit als Gegenüber und mögliche Partnerin wahrnehme, sondern nur als das, was er in sie hineinprojiziere (Vaterwitwe, in der er die Mutter suche und gleichzeitig die Erinnerung an den Vatermord bekämpfe bzw. auch einen Spiegel bzw. Ersatz suche für den verlorenen Teil von sich selbst), befinde er sich ihr gegenüber in einer ständigen Ambivalenz, wodurch ihm die Möglichkeit zu einer wirklichen Partnerschaft mit den entsprechenden Entwicklungsmöglichkeiten, die Lou Andreas-Salomé darin sah, verbaut sei.

Es lässt sich zusammenfassen, dass der Ödipuskomplex nach Auffassung von Lou Andreas-Salomé für den Mann weitaus schwerwiegendere Konsequenzen habe als für die Frau, in Bezug auf Identitätsfindung, Möglichkeiten, seinen Platz im Leben zu finden, Partnerwahl, Beziehungen und den damit verbundenen Entwicklungsmöglichkeiten.

Damit stimmte sie in gewisser Hinsicht mit Freud überein. Auch Freud sah den Bezugs-, Dreh- und Angelpunkt in der Vaterbeziehung. Aber seiner Ansicht nach habe nur das männliche Kind Aussicht, den Ödipuskomplex in ausreichendem Maße erfolgreich zu überwinden und durch das Internalisieren der Vaterinstanz ein starkes Über-Ich zu entwickeln, wodurch der Mann zu tatkräftigem (Kultur-)Schaffen in der Welt befähigt sei.

Die Frau sah Freud durch ihre zweifelhafte Position im Ödipuskomplex, den diffusen Ausgang desselben und die daraus resultierende nur schwache Ausbildung des Über-Ich in ihrer Entwicklung benachteiligt und gehemmt, wodurch auch die »kulturellen Ergebnisse […] geringfügiger und weniger belangreich« seien (Freud, 1960, G. W., Bd. XIV, S. 523).

Lou Andreas-Salomé dagegen betrachtete die Frau als »das Glückstier« (Andreas-Salomé, 1958, S. 125). Da die Frau gewissermaßen verschont bleibe von den Selbstverlusten, die der Ödipuskomplex für Männer ihrer Ansicht nach zur Folge habe (der Mann erschlage dabei quasi eher sich selbst, indem er das identitätsstiftende Vaterbild »ermorde«), und sie gleichsam auch eine ursprünglich gegebene Einheit nicht verliere, brauche sie im Mann deswegen auch keinen Ersatz zu suchen. Da sie ihn darüber hinaus sogar als Teil einer gegebenen Einheit – eines ursprünglichen Ganzseins – erkennen könne, seien somit die Befähigung zu echter Partnerschaft und sämtliche daraus resultierende Möglichkeiten gegeben, sich dadurch weiterzuentwickeln.

Nachdem sich für Lou Andreas-Salomé der Ödipuskomplex, wie er von Freud beschrieben wurde, hinsichtlich der weiblichen Entwicklungsmöglichkeiten als wenig ergiebig herausgestellt hatte, stellt sich die Frage, worin *sie* Chancen für Entwicklungsprozesse sah.

»The dark continent«: Unterwegs zum »Urgrund«

Um den von Freud als solchen bezeichneten »dark continent« (Freud, 1960, G. W., Bd. XIV, S. 241) zu erhellen – womit er das ihm zeitlebens rätselhaft gebliebene weibliche Wesen gemeint hatte –, wird in diesem Kapitel die von Lou Andreas-Salomé gelegte Fährte verfolgt. Beginnend mit einer Spurensuche in ihren frühen Texten, die in den Jahren vor ihrer Bekanntschaft mit Freud entstanden sind und die von Eros als Leitmotiv und Leitthema geprägt sind, führte ihr Weg – vom Urgrund zum Urgrund – sie hin zu der sie zeitlebens beschäftigenden Narzissmusthematik, ihrem »Spezialfimmel«, wie sie es in ihren »Eintragungen der letzten Jahre« einmal bezeichnet hatte (Andreas-Salomé, 1982, S. 123).

Nach einer einführenden Darstellung der Freud'schen Narzissmusdefinition wird Lou Andreas-Salomés Auseinandersetzung mit dieser Thematik anhand ihrer Aufzeichnungen während ihres Studiensemesters 1912/1913 bei Freud »In der Schule bei Freud« (1958) und ihres 1921 verfassten Textes »Narzissmus als Doppelrichtung« (1990) verfolgt.

Spurensuche: Leitmotiv und Leitthema Eros

Schon in den Jahren zwischen 1899 und 1910, also vor ihrer Bekanntschaft mit Sigmund Freud, hatte sich Lou Andreas-Salomé im Rahmen mehrerer Aufsätze mit einem für sie sehr zentralen Thema beschäftigt und auseinandergesetzt: die Rolle der Erotik in Bezug sowohl auf zwischenmenschliche Interaktion als auch individuelle intrapsychische Prozesse.

In der 1900 entstandenen Schrift »Gedanken über das Liebesproblem« (Andreas-Salomé, 1992, S. 45 ff.) schrieb sie: »Die Liebe ist eben sowohl das physischeste wie auch das scheinbar spiritualistischeste, geistesgläubigste, was in uns spukt; sie hält sich ganz und gar an den Körper, aber an ihn ganz und gar als Symbol, als Gleichnis für den Gesamtmenschen und für alles, was sich durch die Pforte der Sinne in unsere verborgenste Seele einschleicht, um sie zu wecken« (S. 81).

An anderer Stelle schrieb sie: »Zweier Menschen Liebe wird genau so weit reichen, als sie fähig bleiben, einander diese Möglichkeit zu bieten. Ihre gegenseitige Berührung muß sie, auf welchem Lebensgebiete es immer sein mag, in analoger Weise schöpferisch in sich selbst konzentrieren und entlasten, […]: was es ist, das so in ihnen wirkt, läßt sich rationell nicht klarlegen, lässt sich nicht plausibel auf nach außen hin begreifliche Gemeinsamkeiten ihres Wesens gründen, weil es in viel zentralern, verborgenern dunklern Anziehungen beruhen kann, als sie jemals ins Bewußtsein treten« (S. 62).

Und sie führte weiter aus: »Daher sind Lieben und Schaffen in der Wurzel identisch […] und ebenso ist alle Liebe eigenmächtige Schaffenstat, Schaffenslust, veranlaßt durch den geliebten Menschen, aber nicht um seinetwillen, sondern um ihrer selbst willen. Deshalb muß das Erotische auch ohne allen Zweifel, seinem Wesen nach, – gerade wie das Geistesschöpferische auch, – als ein intermittierender Zustand aufgefaßt werden« (S. 63 f.).

Lou Andreas-Salomé begriff Liebe als »ein vollkommenes Heimischwerden in uns selbst, ein Nachhause-Kommen zu uns selbst im geheimnisvollen Einklang aller Kräfte, ein Ausruhen und Atemholen nach allen geteilten und getrennten und vereinzelten Betätigungen des Lebens« (S. 65).

In der 1910 verfassten Schrift »Die Erotik« (1992, S. 83 ff.) führte sie diese Gedankengänge weiter fort: »So sagt man auch mit gewissem Recht: Liebe beglücke immer, auch die unglückliche – wenn man nur diesen Ausspruch genügend unsentimental faßt, nämlich ohne Berücksichtigung des Partners. Denn obgleich wir von ihm sehr erfüllt zu sein scheinen, sind wir es doch namentlich von unserm eignen Zustand, der uns, als ein typisch berauschter, gar nicht recht fähig macht, uns, mit was es auch sei, sachlich zu befassen« (Andreas-Salomé, 1992, S. 99 f.).

Es sei – laut Andreas-Salomé – also nicht so sehr der tatsächliche Partner, das Gegenüber, sondern der eigene Zustand des Liebens bzw. Verliebtseins, der entscheidend ist: »Nur erregender Anlaß ist der geliebte Gegenstand dabei« (S. 100).

Ein wichtiges Motiv für die Hinwendung zu einem Gegenüber sah Lou Andreas-Salomé darin, »daß vielleicht, unbewußt, sogar immer etwas dran hängt von überreichlichem Gutmachenwollen jener erotischen Selbstsucht, die nur sich selbst darin feierte. Und die dazu zwischen sich und den andern, wie einen goldenen Schatten, das unfaßbare Geistergebilde stellte, das erst den Mittler darstellt von ihr zu ihm« (S. 100). Die eigentliche Hinwendung zum Anderen erfolge somit ihrer Ansicht nach aus einer Art Schuldgefühl heraus und um das eigentliche Nichtbeachten wiedergutzumachen.

Lou Andreas-Salomé betonte dabei die Kraft des Erotischen an sich: »Schon dem Untergrund allen Daseins eingewurzelt, wächst es dadurch aus immer dem gleichen reichen, starken Boden […] um selbst da, wo ihm der Boden total verbaut wird, mit seiner dunklen, erdigen Wurzelkraft dennoch darunter zu beharren. Eben dies ist sein gewaltiger Lebenswert, daß, wie fähig es auch sei, breite Alleingeltung zu erlangen, oder hohe Ideale zu verkörpern, es doch darauf nicht angewiesen bleibt, sondern sich noch aus jeglichem Erdreich Kraftzuwachs saugen kann, jeglichen Umständen sich lebendienend anpaßt« (S. 91 f.).

Lou Andreas-Salomé begriff es als das Wiederfinden einer Einheit, eines ursprünglichen Eins-gewesen-Seins, und das für sie Entscheidende war der bewusste Prozess, der auf dem Weg dahin stattfinde. Die Erotik, bzw. erotische Anziehung, sah sie dabei als Antrieb und die dafür notwendige Kraft. Damit machte sie einen wesentlichen Aspekt der Beziehung zwischen Begehren (im Sinne einer Sehnsucht) und Erotik deutlich, die Freuds Libido-Konzeption widerspricht.

Im Gegensatz zu Freud, wo der Partner eher als Spiegel für das verlorene Selbst bzw. für verdrängte und negierte Anteile fungiert, an dem kompensiert, sublimiert und so weiter wird, möchte Lou Andreas-Salomé auf etwas anderes hinaus. Durch die Hinwendung zu einem Partner könne man ihrer Ansicht nach die eigene – erotische – Kraft aktivieren, die in einem selbst liege und den Anderen (außer als Auslöser) weiter nicht wirklich brauche. Das Ganze diene dazu, um in sich der Einheit, dem Urgrund wieder näher zu kommen und dadurch die Sehnsucht und das Begehren quasi zu befriedigen: In der Erotik erinnere sich das Subjekt – sehnsuchtshaft – an sein wahres Wesen, an seinen Urgrund, und dadurch wird ein fortwährendes Begehren gespeist und eine Bewegung – hin zum Anderen und zurück zu sich selbst – induziert.

Diese von Lou Andreas-Salomé beschriebene erotische Kraft könne auch unabhängig von Partnerschaften Einheit-schaffend wirken und sich »lebendienend« im Rahmen anderer Beziehungen auch auf weitere Objekte richten. Ein Gegenüber jedweder Art sei wie ein Katalysator: »Lieben heißt im ernstesten Sinn: Jemanden wissen, dessen Farbe die Dinge annehmen müssen, wenn sie bis ganz zu uns gelangen wollen […] als sei das Geliebte gar nicht nur es selbst, sondern auch […] verwandelt in alle Dinge und Verwandlerin der Dinge: ein Bild, zersprengt in die Unendlichkeit des Alls, damit, wo wir auch wandeln mögen, es in unsrer Heimat geschehe« (Andreas-Salomé, 1992, S. 103 f.).

Die wesenhafte Bedeutung, die eine zwischenmenschliche Begegnung habe, sei das eigentlich Substanzielle und weniger das, was real stattfinde. Das könne dann sogar sehr rasch in einen Widerspruch zu diesem Wesenhaften geraten. Der Andere/Partner diene dem (Wieder-)Finden der Einheit, aber er dürfe selbst nicht zu wirklich werden – denn dann zerbreche diese Einheit wieder in Gegensätze.

Daraus ergab sich für Lou Andreas-Salomé ein »Prinzip der Untreue«: »Man kann sagen: das natürliche Liebesleben in allen seinen Entwicklungen, und in den individualisiertesten vielleicht am allermeisten, ist aufgebaut auf dem Prinzip der Untreue« (S. 93).

»Es ist jedoch das durchaus geistigere, will sagen: lebenskompliziertere Prinzip, das zur Änderung und zu wählerischem Aufbruch der Reize drängt, – es ist das sinnvoll gesteigerte Verhalten, das eben darum nichts weiß von jener Altersstetigkeit, Stabilität, der primitivern Prozesse, die diese für uns in manchen Beziehungen zu einer Basis machen von beinahe dem Anorganischen ähnlicher Sicherheit, – fast wie soliden Erd- oder Felsgrund. So ist es weder Schwäche noch Minderwertigkeit des Erotischen, wenn es seiner Art nach auf gespanntem Fuß mit der Treue steht, vielmehr bedeutet es an ihm das Abzeichen seines Aufstiegs zu noch weitern Lebenszusammenhängen« (S. 93).

»Denn was da stattfindet: das Ineinanderfließen zweier Wesen im erotischen Rausch, das ist nicht die einzige, und vielleicht nicht einmal die eigentliche Vereinigung dabei: Vor allem sind wir es selber, in denen alle Sonderleben Leibes und der Seele wieder einmal in gemeinsam empfundener Sehnsucht ineinanderflammen, anstatt so interesselos, gegenseitig kaum Notiz nehmend, für sich hinzuleben« (S. 99).

Die Gedanken, die Lou Andreas-Salomé hier formulierte, hat sie in ihren späteren Schriften wieder aufgegriffen und fortgesetzt. Sie bildeten die Grundlage für die Entwicklung ihres Narzissmus-Konzepts.

Ursprung und Ziel: Narzissmus als Doppelrichtung

Einführend soll zunächst Freuds Narzissmusdefinition betrachtet werden. Freud unterschied einen primären und einen sekundären Narzissmus. Der primäre Narzissmus sei laut Freud ein »notwendiges Übergangsstadium zwischen der Stufe des Autoerotismus und des Alloerotismus« (Jones, 1962, Bd. II, S. 322).

Es handele sich dabei um ein Entwicklungsstadium der Libido, welches darin bestehe, »dass das in der Entwicklung begriffene Individuum, welches seine autoerotisch arbeitenden Sexualtriebe zu einer Einheit zusammenfasst, um ein Liebesobjekt zu gewinnen, zunächst sich selbst, seinen eigenen Körper als Liebesobjekt nimmt, ehe es von diesem zur Objektwahl einer fremden Person übergeht« (Freud, 1960, G. W., Bd. VIII, S. 296 ff.).

Laut Nagera (1998, S. 198) beziehe sich die libidinöse Besetzung im Stadium des primären Narzissmus auf den eigenen Körper, wobei der funktionale Aspekt dieses primären Narzissmus derjenige der primären Identifizierung sei. Beim Übergang in das Stadium der Objektliebe werde ein Teil der libidinösen Besetzung des Selbst auf äußere Objekte übertragen.

Beim sekundären Narzissmus handele es sich – wie Freud es in der Schrift »Zur Einführung des Narzissmus« beschrieb – um einen »Narzissmus, der durch Einbeziehungen der Objektbesetzungen entsteht […] welcher sich über einem primären, durch mannigfache Einflüsse verdunkelten aufbaut« (Freud, 1960, G. W., Bd. X, S. 140).

Ein Sich-Zurückziehen von den Objekten im Erwachsenenalter bereite somit den Weg für einen sekundären Narzissmus, der dann quasi eher einer Entwicklungsregression entspreche. Dabei komme es zu einer Identifizierung mit aufgegebenen bzw. verinnerlichten Objekten, wobei Libido ins Ich zurückfließe. Der sekundäre Narzissmus entspreche einer Libidostauung bzw. einem Libidoungleichgewicht. Es komme zu einer Verschiebung der Libido von den Objekten hin zum Subjekt. In den Formen, in denen der sekundäre Narzissmus symptomatisch auftrete, sei er laut Freud als pathologisch zu werten.

Lou Andreas-Salomé beschäftigte sich schon während ihres Studiensemesters bei Freud (1912/13) mit dem Narzissmusbegriff. In ihrem Freud-Tagebuch notierte sie Gedanken nach einer Diskussion im Rahmen der sogenannten Mittwochsvorlesung bei Freud über das Thema »Narzissmus des Künstlers«: Laut Freud bleibe der Künstler narzisstisch ohne Entwicklungshemmung, weil er zum Schaffen seiner Werke »den Narzißmus, d. h. die infantilnarzißtische ›Allmacht der Gedanken‹ braucht«. Seinen Werken zuliebe wandele sich ein Künstler »in alle mögliche Arten von Objektbesetzungen um, was er für Menschen nicht täte«; das sei »seine Art zu lieben«. Der Künstler sei laut Freud »durstig nach Gegenliebe und verbittert ohne sie« (Andreas-Salomé, 1958, S. 113).

Für Lou Andreas-Salomé zeigte sich darin eher »eine Verwechslung des Narzißtischen fast mit dessen Gegenteil: der sich selbst zweifelhaften Unsicherheit«, die sich aus Selbstunsicherheit in den Objekten suche, »denn nur diese ist in ihrem Antrieb abhängig von der Außenreaktion«, da das Ich Selbstbestätigung durch die Spiegelung der Anderen bzw. der zu besetzenden Objekte brauche (S. 113).

Sie führte dann weiter aus: »[…] der erotische Fehler des Narzißtischen liegt grade darin, daß ihm sein eigner Liebesausbruch fast genügt; daß er ihn nach außen bereits entlastet als genügender Kontakt mit der Welt; und daß sein Dank dem Partner gegenüber nicht so sehr dessen Gegenliebe gilt, als dem Umstand, daß er die Gewalt besaß, ihn den Liebesausbruch zu lehren. Dies ist jedoch der heißeste Dank – einer der die Liebe selbst überdauert. Und in ihm begegnen sich im narzißtischen Menschen gleichsam die ganz egoistische und die ganz ›selbstlose‹ Art zu lieben (die ›vom Andern absehende‹) als ein und dieselbe. Alle wirkliche Objektliebe ist auch selbstisch objektgebunden « (S. 113).

Der Freud'schen Narzissmusdefinition, nach der Narzissmus einer zu überwindenden Entwicklungsstufe entspreche, konnte Lou Andreas-Salomé sich zwar anschließen, aber damit war für sie der Begriff noch nicht erschöpfend definiert. In Bezug auf diese Definition betonte sie, dass es nicht nur eine einfache Entwicklungsstufe sei, sondern auch da schon »doppelt«, das heißt zweiphasig auftrete: in der frühen Kindheit, wo Narzissmus einen »Übergang zwischen dem Autoerotischen und Homosexuellen« darstelle, und in der Pubertät als »auf sich selbst gerichtete Verliebtheit, die ein Objekt schon kannte, sich jedoch für das begehrenswerteste ansieht«. Das könne bis zur »vollen Ich-Eitelkeit« führen, was dann dem Neurotischen schon näher stehe und wobei es zu einem »Durcheinandergeraten von Ichtrieb und Sexualität« komme (S. 114). Das heißt, sie verstand Narzissmus als eine Art quantitatives Verteilungsproblem der Libido zwischen Ich und Objekt. Soweit entsprach es auch Freuds Narzissmusdefinition.

Aber damit schien Lou Andreas-Salomé das, was sie unter Narzissmus subsumierte, nicht ausreichend erfasst. Sie mutmaßte, dass sich »Ich und Geschlecht« (S. 114) gerade in der Pubertätsphase auch neu einen können, wobei dann nicht automatisch etwas Neurotisches, sondern auch etwas Schöpferisches entstehen könne: »Dies nun, das Narzißtische im schöpferischen Sinn, ist keine zu überschreitende Stufe mehr, sondern vielmehr eine dauernde Begleitschaft allen tiefern Erlebens – einerseits immer gegenwärtig, anderseits noch tief jenseits allen Möglichkeiten, vom Bewußtsein aus Stufen in unser Unbewußtes hineinzuhauen: im Narzißtischen ist das ›Ubw‹ [Unbewusste] nur noch en bloc gegeben – als das ›Ursprüngliche‹ nicht einer bloßen Basis, sondern des Allumfassenden« (S. 114 f.).

Lou Andreas-Salomé gelangte hier erstmals zu ihrer eigenen, über Freud hinausgehenden Narzissmusdefinition: »Indem man ihn [den Narzissmus] so definiert, wird er gewissermaßen identisch mit dem ›Unbewußten‹ selbst (nicht dem ›Ubw‹-Verdrängungssystem), hinter dessen letzt-deutlicher Menschenlinie« (S. 115).

Unter Einbeziehung einer philosophischen Komponente, die ihr bei der Betrachtung innerpsychischer Prozesse stets unerlässlich erschien, kam Lou Andreas-Salomé zu dem Schluss, dass »bei alledem noch ein dritter, schöner Narzißmus-Sinn heraus [kommt]: neben dem Narziß, der sich verliebt spiegelt (traurig – wie die Sage es will – ja nur dann, wenn er es neurotisch gebannt tun muß), und neben dem andern Narzißmus, zu dem der Name so nicht paßt, weil dieser Narziß nicht sich spiegelt, sondern wird, sich selbst gebiert – also psychoanalytisch-symbolhaft ›aus dem Wasser‹ [...] kommt – endlich der entdeckerisch auf sich selbst gerichtete Narziß, der Selbsterkenner« (S. 116).

Für Lou Andreas-Salomé war es ein Ringen um den Prozess des Bewusstwerdens. Wobei das Entscheidende aber nicht nur das »Erkenne dich selbst« war, sondern das »Werde, der du bist«. Und bei allem ging es ihr dabei auch um die Entwicklung der weiblichen Seite: »Auf dem Wege der nicht-intuitiven Lebenserfassung, dem für unsern Verstand gangbarern, kann man aber so auch zur begründeten Vorstellung kommen eines Lebensverfalls durch Kultur; Kultur durch Lebensmangel, Kultur durch die Schwachen. Das wären in diesem Fall die Männer. Sie wären das schwache Geschlecht, betrachtet vom kulturlos narzißtischen Standpunkt des Weibes, das die letzten Intuitionen des Geistes vielleicht nicht erreicht, jedoch dafür als solches aus Lebens- und Geistesintuition heraus sein Wesen hat. Die Frau als das Glückstier. Eigentlich ähnlich rückläufig zum Narzißtischen hin wie der Neurotiker, nicht wie das Tier undifferenziert geblieben, aber ein Regredienter ohne Neurose. Im Grunde wäre das Weibwerdenwollen des Neurotikers ein Gesundwerdenwollen« (S. 125).

Am Ende ihres ersten Studiensemesters resümierte Lou Andreas-Salomé in Hinblick auf das Narzissmusthema: »Mir scheint wichtig zu betonen, dass die Narzißmusgrenze (Narzißmus in Freuds Definition als Grenzbegriff) in der Analyse praktisch gestreift wird im Infantilen der Objektlosigkeit und in der aufs Selbst als Objekt zurückgerichteten Eitelkeit der Libido; daß aber abgesehen davon der Narzißmus an allen Schichten unseres Erlebens, unabhängig von ihnen, entlangläuft. Mit anderen Worten: daß er nicht nur eine zu überwindende Lebensunreife, sondern auch eine wesenserneuernde Lebensbegleitung ist. Also nicht bloß die Grenze, über die man analysierend nicht mehr hinüberkommt, sondern auch die, wo das Ineinander von Ich und Libido schöpferisch, d. h. insofern überpersönlich, und deshalb, aus diesem positiven Grunde, nicht mehr empirisch zergliederbar und logisierbar ist. [...] Aber das eigentliche, allen tiefern Akten unseres Lebens zugrunde liegende Narzißtische besteht fast umgekehrt in der ›selbst‹-vergessenen Identifikation noch mit allem was ist, und grade daher in einer Neugeburt des Ich: im Gegensatz also zu dem beschauend, genießend auf sich Gerichteten« (S. 184 f.).

In dem Aufsatz »Narzissmus als Doppelrichtung« (1990, S. 191 ff.) griff Lou Andreas-Salomé im Jahr 1921 dieses für sie zentrale Thema wieder auf. Gleich zu Beginn zitierte sie Freud: »Das Wort ›Narzißmus‹ will betonen, daß der Egoismus auch ein libidinöses Problem sei, oder, um es anders auszudrücken, der Narzißmus kann als die libidinöse Ergänzung des Egoismus betrachtet werden« (Andreas-Salomé, 1990, S. 191). Dieser Meinung konnte sich Lou Andreas-Salomé nicht anschließen. Sie begriff Narzissmus als »kein Beschränktsein auf [ein] einzelnes Libidostadium, sondern als unser Stück Selbstliebe alle Stadien begleitend; nicht primitiver Ausgangspunkt der Entwicklung nur, sondern primär im Sinne basisbildender Dauer bis in alle späteren Objektbesetzungen der Libido hinein« (S. 191).

Auffallend an dieser Stelle ist die unterschiedliche Wortwahl, wobei der von Lou Andreas-Salomé in diesem Zusammenhang gewählte Begriff der Selbstliebe aus ganz anderen Quellen zu schöpfen scheint als der von Freud gebrauchte Egoismus-Begriff. Ihr Ausdruck »Selbstliebe« meinte eine Selbst-bewusste Liebe, die für sie eine Grundvoraussetzung war für ein In-der-Welt-Sein und insbesondere auch für die Beziehung zu einem Gegenüber.

Weiter führte sie aus, dass entsprechend der Freud'schen Definition die psychischen Energien »im Zustand des Narzißmus beisammen und für unsere grobe Analyse ununterscheidbar« seien und es »erst mit der Objektbesetzung möglich [werde], eine Sexualenergie, die Libido, von einer Energie der Ich-Triebe zu unterscheiden« (S. 191 f.).

Im Narzissmus seien Ich-Trieb und Sexualtrieb also noch nicht differenziert (da sich beide auf dasselbe Objekt richten), erst später differenziere es sich und es entstünden zwei einander entgegengesetzte Triebe, die im Sinne der Freud'schen Triebtheorie zu den entsprechenden Entwicklungsschritten führen bzw. zu dem, was Freud dafür hielt.

Lou Andreas-Salomé entdeckte aber auch bereits (und gerade) im Stadium des Narzissmus »zwei innere Tendenzen« (S. 192), die aufeinander bezogen seien und einander bedingen würden in dem Sinne, dass der Ich-Trieb, der zur Individuation und zur Ich-Bildung führe, somit eine Vorraussetzung sei, damit man sich als Objekt wahrnehmen könne, und dass der Sexualtrieb die Veranlassung sei, eine Objektbeziehung aufzunehmen. Entscheidend sei aber ihrer Ansicht nach, dass beide Triebe nicht wesenhaft auseinanderstreben wie von Freud beschrieben, wo der Ich-Trieb der Selbsterhaltung diene – auf Kosten des Sexualtriebes – und wo der Sexualtrieb, wenn sich die Libido aufs Subjekt richte, zum Narzissmus führe, was pathologisch zu werten sei, oder es bei entsprechend anderer Objektbesetzung dazu führe, dass man sich verliere und neurotische Kompensationsmechanismen in Gang gesetzt würden.

Lou Andreas-Salomé war vielmehr der Ansicht, dass beide Triebe eigentlich ineinandergreifen und demselben Ziel dienen: »Denn sollen Icherhaltungs-, Selbstbehauptungstriebe sich von libidinösen überhaupt begrifflich streng trennen, so kann Libido nichts anderes besagen als eben diesen Vorgang: diesen Bindestrich zwischen erlangter Einzelhaftigkeit und deren Rückbeziehung auf Konjugierendes, Verschmelzendes; im narzißtischen Doppelphänomen wäre sowohl die Bezugnahme der Libido auf uns selbst ausgedrückt als auch unsere eigene Verwurzelung mit dem Urzustand, dem wir, entsteigend, dennoch einverleibt blieben, wie die Pflanze dem Erdreich, trotz ihres entgegengesetzt gerichteten Wachstums zum Licht« (S. 192).

Die Libido bedeutete für Lou Andreas-Salomé nicht eine Triebenergie, wo sich beide Triebkomponenten im Sinne einer Dualität eigentlich ausschließen. Vielmehr betonte sie das Zusammenwirken beider Triebe. Die Libido verbinde den Ich- und den Sexualtrieb. Und gerade der Zusammenhang beider Triebe, der einen lebenslangen Spannungszustand induziere, bedinge das Doppelphänomen des Narzissmus, das letztlich den Antrieb für jede Weiter- bzw. Höherentwicklung des Menschen darstelle. Dieser Spannungszustand entspricht – in ihrem Sinne – einer Verfasstheit der Sehnsucht, einem tiefen inneren Sehnen, und ist Ausdruck eines Begehrens.

Lou Andreas-Salomé betonte insbesondere »jene andere, fürs Ichbewußtsein zurücktretende, Seite daran – die der festgehaltenen Gefühlsidentifizierung mit allem, der Wiederverschmelzung mit allem als positivem Grundziel der Libido« (S. 193); das heißt Sehnsucht und Begehren als ein Grundziel im Hinblick auf den Urgrund. Von der Sehnsuchts-Konzeption des Narzissmus her ließe sich sagen: Es gehe um Sehnsucht nach Vollständigwerden und nicht um Triebabfuhr. Die Libido diene nicht nur der bloßen Selbsterhaltung oder dem arterhaltenden Umweg über die Objektliebe, was aus der Sicht Freuds allerdings eher einen Selbstverlust zur Folge habe; die psychische Energie strebe nicht in zwei Teile und somit auseinander, sondern auch zurück zum Urzustand, wo beide Triebkomponenten noch undifferenziert und eins waren. Somit entstehe eine Sehnsucht nach der Ureinheit.

Lou Andreas-Salomé postulierte an dieser Stelle, dass es eine verschmelzende Tendenz der Libido gebe, und damit sei ein Moment der Erfüllung von Sehnsucht und ein Stillen des Begehrens gegeben.

In der Phase des primären Narzissmus werde zunächst unbewusst versucht, den Urzustand des Einsseins aufrechtzuerhalten. Um sich selbst als Objekt wahrnehmen zu können, müsse aber erst ein »Ich« von der Einheit abgetrennt werden. Dadurch komme es zur Individuation, was mit einem schmerzlichem Erleben des Abgetrenntseins einhergehe. Und dieses Erleben wirke dann im Sinne einer Sehnsucht (da eine Erinnerung an die Einheit immer schon vorhanden sei) als Antrieb, diese Einheit wieder zu suchen, zu finden bzw. zu schaffen.

Ausgehend von dem, was Lou Andreas-Salomé in ihren frühen Texten schon ansatzweise formuliert hatte – dass auch Objektliebe auf Selbstliebe zurückgehe –, beschäftigte sie sich mit der Frage, welche Rolle Narzissmus bzw. die verschmelzende Tendenz der Libido innerhalb von Objektbeziehungen spielen.

Sie ging davon aus, dass es eine Art »Liebesüberschuss« gebe, eine Liebes- bzw. Lebensenergie, die auf mehr als einen selbst gerichtet sei (in dem Sinne also »zu viel« sei) und die auf ein größeres Ganzes abziele, worin man vormals narzisstisch noch eingebunden gewesen sei und wohin jetzt das eigentliche Hinstreben gehe« (Andreas-Salomé, 1990, S. 199).

Diese Energie sei zwar auf einen selbst bezogen, aber da »nicht recht unterzubringen gewesen«. Der Andere, das Liebesobjekt, diene dann als Anlass, diesen Überschuss gewissermaßen abzuladen, wobei eine Art Überhöhung stattfinde. Der Andere werde mit allem Guten und Erstrebenswerten ausgestattet und man versuche, ihn »ganz und gar zum würdigen, passenden Stellvertreter dessen zu machen, was im Grunde immer noch allumfassend [ist]«. Der Andere werde somit zum »›Symbol‹ für sonst eben unausdrückbare Fülle des unbewußt damit Verbundenen«. Es gelte ihrer Ansicht nach grundsätzlich: »›Libidoobjekt‹ heißt Übertragensein aus noch ungeschiedener Subjekt-Objekteinheit in ein vereinzeltes Außenbild« (S. 199 f.).

Wenn die Zuwendung zu einem Objekt aber derart unbewusst-narzisstisch gegründet sei, also nicht dem Anderen selbst gelte, sondern nur dem »Symbol«, für das er stehe, sah Lou Andreas-Salomé gerade darin dann auch eine Gefahr für eben diese Objektbeziehung. Es gehe dem »Objekt schließlich an den Kragen« und daraus entstehe eine Quelle für Liebesenttäuschungen:

»Die typischen Liebesenttäuschungen haben ihren letzten Grund, ihren unabwendbaren hierin: nicht erst im Nachlassen der Liebe durch die Zeit oder durch enttäuschende Einsichten, denn, ganz abgesehen von diesem beiden hat das Objekt ja ganz eigentlich mit seinem Leibe dafür zu haften, daß es weit mehr als Leibhaftigkeit sei, und mit seinem, scheinbar doch erkorenen, auserwählten, Sonderwesen dafür, daß es im Grunde Allwesenheit sei. Je weiter Liebesekstase sich versteigt, ihr Objekt stets üppiger, ohne zu sparen, bereichernd, desto dünner, unterernährter bleibt das Objekt hinter seiner Symbolität zurück« (S. 203).

Im Gegensatz zur Liebesbeziehung mit dieser überströmenden und überhöhenden Liebe, die den Anderen eigentlich missachte und unbewusst nur dem Erreichen des eigenen Ziels diene, betrachtete Lou Andreas-Salomé auch Freundschaftsbeziehungen. Diese wurzelten »nicht in gegenseitiger [nur sexueller] Erotik, sondern in etwas Drittem […] das im übrigen sogar fester zu binden imstande ist als Personalerotik, da, abgelenkt vom Sexualziel der Leibesbesitznahme, dafür unserer so aufgearbeiteten Libido gleichsam sich alles zu Besitz bietet, worauf sie nur irgend verfällt. […] Gut verarbeitetem und dadurch […] entwicklungsfröhlichem Narzißmus ist eben breiteste Umfassung freigegeben« (S. 204).

Hiermit spielte Lou Andreas-Salomé auf den Prozess der Sublimierung an. Dadurch könne in Beziehungen, aber auch grundsätzlich eine Reifung zur Sachlichkeit erfolgen. Sie sprach von einem »Sprung vom leibhaft Libidobetonten in die Welt sachlicher Betonungen, von infantilster Selbstbezogenheit mitten hinein ins Außen-gegenüber«, wodurch dann auch die Grundlage gegeben wäre für eine echte Beziehung zu einem Gegenüber und die Begegnung mit einem Du: »Sachlichkeit ist das gloriose menschliche Ziel, das dem Narzißmus endlich im Dienst von Forschung oder Fortschritt, Kunst oder Kultur, als verwandelter Eros zuwinkt wie aus Träumen der Kindheit. Wo er in kindischen Träumen stecken blieb, wo sein großer Sprung zu kurz ausfiel, da entgleist er an sich selbst ins Pathologische, Bodenlose« (S. 204).

Die Überwindung eines infantil-narzisstischen Zustands, wo in und an der Welt und am Partner lediglich (de)kompensiert werde, und eine Entwicklung hin zu einem narzisstisch in sich und in der Welt ruhenden bewussten In-der-Welt-Sein wären somit das eigentliche und anzustrebende Ziel.

Als Antrieb dazu fungiere laut Andreas-Salomé »verwandelter Eros« – eine Art erotischer Anziehung und Begehren, welches aber nicht eine bloße sexuelle Anziehung bedeute, sondern ein Konglomerat darstelle aus eigener Sehnsucht und Begehren, was zum Anderen hindränge, und einer geahnten Entsprechung im Anderen, die anzuziehen vermag.

Lou Andreas-Salomé beschäftigte sich auch mit der Rolle des Narzissmus bei der Entstehung von Wertsetzungen und Idealen. Sie hatte dargelegt, dass es das narzisstische Bestreben sei, das dazu führe, jemanden zu überhöhen und als Stellvertreter und somit Symbol des Ganzen als wertvoll zu erachten. Ebenso werde auch Dingen (und letztlich auch dem Leben an sich) ein bestimmter Wert beigemessen, wobei »›Wert‹ symbolisch für Inbegriff, für ›Ein und Alles‹ steht« (Andreas-Salomé, 1990, S. 205). Auch hier komme es durch eine Reifung zur Sachlichkeit und Sublimierung zu einer Entwicklung des Wertbegriffs, was dann die Basis für ethisches Empfinden bilde.

In diesem Zusammenhang sah Lou Andreas-Salomé auch die Ideal-Bildung und Bildung eines Ich-Ideals. Entsprechend wie der Narzissmus als Antrieb diene, ein (Liebes-)Objekt zu überhöhen, könne er auch dazu führen, sich selbst zu überhöhen und somit ein Ich-Ideal zu schaffen. Dieses Ich-Ideal befinde sich mit dem Realen im steten Widerspruch, veranlasse einen, in Richtung dieses Ideals zu streben, und fördere somit eine Weiterentwicklung.

Getrieben von unserem »sich sublimierenden Narzißmus«, dem »idealisierenden Streber« (Andreas-Salomé, 1990, S. 205), befinde sich der Mensch in einem steten Spannungsfeld, zwischen Ich-Ideal und Real-Ich, zwischen (Be-)Wertung und Wirklichkeit. Es sei ein Ringen um Werteautonomie in jeder Beziehung, wobei es sowohl um den Selbstwert als auch um den Lebenswert an sich gehe, was dann die Sinnfrage berühre.

Die Auseinandersetzungen, die dabei stattfinden, bzw. die Prozesse, die dabei durchlaufen werden, betrachtete Lou Andreas-Salomé als schöpferische Tätigkeit: »Durch die Reibung innerhalb solchen Widerspruchs […] wird es [das Leben selbst] die schöpferische Tätigkeit par excellence« (S. 212).

»So handelt in die Praxis hinein der ethisch gerichtete Mensch: wagt seinen Traum an Realität, Drangsal, Erfahrung, an den Anprall aller Zufälle und Wirrnisse. Darin liegt die Würde des Bruchstückhaften, nie Vollendeten«. Der Mensch als ein Unterwegs-Seiender, und Ethik sei dabei »Wagnis, das äußerste Wagestück des Narzißmus, seine sublimste Keckheit, sein vorbildliches Abenteuer, der Ausbruch seines letzten Mutes und Übermutes ans Leben« (S. 213).

Ein weiterer Aspekt, der Lou Andreas-Salomé noch beschäftigte, war der Zusammenhang von Narzissmus und künstlerischem Schaffen; und zwar dies im Hinblick auf Erinnerung. Künstler seien ihres Erachtens noch unmittelbarer mit dem Urgrund verbunden, mit der »narzißtischen Kinderstube«. Von dort nehme Kunst-Schaffen seinen Ausgang, »narzißtisch wertend und besetzt« (S. 213). Die oben geschilderten Prozesse finden beim Künstler nicht über den Umweg von Objektbesetzungen oder Wertsetzungen statt, sondern direkt im künstlerischen Tun.

Durch das Erschaffen von Kunstwerken werde dem gefühlten Innen (der Anbindung an den Urgrund) ein Ausdruck gegeben. Durch diese erinnerte Verbindung zum Urgrund habe der Künstler auch Zugang zum Unbewussten; sich erinnernd sei er quasi Urgrund-verbunden: »Gewissermaßen ist ja Erinnerung ein nie nur ›praktischer‹, immer auch schon ›poetischer‹ Vollzug. […] Poesie ist Weiterführung dessen, was das Kind noch lebte und was es dem Heranwachsenden opfern musste für seine Daseinspraxis: Poesie ist perfekt gewordene Erinnerung« (S. 214).

Entsprechend würden durch die Kunst »Wunscherfüllungen gewährleistet, die sonst gar nicht oder nur strafbar oder endlich krankhaft sich durchsetzen, man übersieht aber darüber die ganze Tragweite der Freud'schen Unterscheidung von ›bewußtem‹ und ›unbewußtem‹ Wunschziel. Niemand bedarf weniger der Erfüllung von Personalwünschen wie der Künstler. Niemand bleibt weniger in ihnen stecken, ja niemand kommt von vornherein, eben als Schaffender, von Erfüllungen her, statt ihnen nachzujagen«. Dadurch werde ihm »die Aufhebung des Verdrängenden« ermöglicht (S. 215).

Weiter führte Lou Andreas-Salomé aus: »[…] so überrascht am allerpersönlichsten Erfaßtsein des Künstlers, wie sehr, wie ganz es immer schon das Allgemeine mit umfaßt, um erst daran wirklich, Werk, zu werden. Hier erschließt sich das anscheinend Subjektivste als Anschlußstelle des objektiv Gültigsten« (S. 216).

Für den Künstler entfielen damit aber möglicherweise auch zum Teil überlebensnotwendige Verdrängungssysteme, und es könne auch auf Kosten seiner Individualität gehen, in dem Sinne, dass der in einer Schaffensphase stehende Künstler darin so aufgehe und versunken sei, in eben dies Umfassendere, den »ursprünglicheren Zusammenschluß«, dass er sich darüber ganz vergesse und verliere (S. 215).

Aber gerade durch den Prozess, den er durchmache, entwickle sich der Künstler weiter: »Nicht selten erwacht der Künstler aus seiner Benommenheit wie aus einer zwangshaften, mit dem Gefühl von Befreiung […]. Wobei er sich dann freilich oft mitverwandelt fühlt durch das Vorhergehende: als habe vieles sich erledigt, was vorher am stärksten beschäftigte, als seien Umwertungen eingetreten, die zuvor Unmerkliches neu betonen« (S. 216).

Der Prozess des Kunst-Schaffens entspreche laut Andreas-Salomé einem Verbindung-Schaffen und diene einer Wiederanbindung an den Urgrund: »Man möchte sagen: künstlerisches Schaffen enthülst gewissermaßen aus dem Leibhaften den fruchtbaren Kern, der sich im Werk dann allseitig auswächst« (S. 217). Gerade der Künstler befinde sich somit in dem von Lou Andreas-Salomé beschriebenen Entwicklungsprozess: Der – narzisstische – Künstler ist in ihrem

Sinne ein Unterwegs-Seiender, auf dem Weg zu sich selbst. Wobei es so sei, »als ob der Schaffende noch einmal Kindheitsparadies und Kindheitshölle gleichermaßen zu durchkosten bekäme« (S. 219).

Sie beschrieb dann weiter: »Entfremdetsein von unserem Ich ist uns harmlos nur gegeben in unserer allnächtlichen kleinen Psychose, unserem allnächtlichen wundersamen Schaffenszustand, dem Traum, der schon so vielfach primitivem Kunstwerk verglichen wurde. Was den Traum dem Schaffen vor allem anähnelt, ist die ungeheure Objektivität, womit er seinen Inhalt vor uns hinstellt, auch noch an das scheinbar krauseste Durcheinander verblüffende Kraft überzeugender Formung, Gestaltung, verschwendend. Aber nicht einmal diese selbst enthält, meines Erachtens, das künstlerische Moment daran: sondern erst die Traumfähigkeit so vielem gerecht zu werden unbeeinflußt von unserer persönlichen Stellungnahme dazu« (S. 219 f.).

Und sie resümierte: »Mir ist das stets als tiefster Beweis dafür erschienen, daß im gesunden, unbeschädigten Narzißmus an sich selber dies übersubjektive Moment wirksam sei, d. h. seine Wunscherfüllungen gar nicht umhin können, aus tiefer Identifikation mit allem herauszuschaffen, weil nur dies seiner unwillkürlichen Tendenz entspricht. Sowohl am manifesten wie latenten Traumtext finden sich Teile dieser Art, die sich über das persönlich Wünschbare hinaussetzen […] und […] auf das noch Allumfassende des Narzißtischen führen« (S. 219 f.).

Narzissmus – wie Lou Andreas-Salomé ihn begriff – entspricht einerseits dem allen zugrunde liegenden und allumfassenden Urgrund, aber er ist auch Ziel in dem Sinne, dass es darum geht, im Lebensvollzug als Schöpferisch-Tätiger (egal, auf welchem Gebiet – Kunst ist dabei nur eine mögliche Form) eine immer bewusstere Wiederanbindung an den Urgrund zu suchen bzw. zu schaffen: das heißt, schöpferisch zu sein und damit das Sehnsuchtsmoment in Realität zu überführen und das Erinnerte zu bestätigen.

Der Narzissmusbegriff, wie er sich bei Lou Andreas-Salomé beschrieben findet, enthält die Aufforderung, sich daraus, daran und dahin zu entwickeln.

Die von Lou Andreas-Salomé beschriebene Doppelrichtung des Narzissmus postuliert, dass es zum einen um die Anbindung an sich selbst geht: Die eine Bewegung geht zu einem selbst hin. Zum anderen ist es aber gleichzeitig das, was einen sich bewegen lässt: von sich weg, zum Anderen hin. Das sei das Spannungsfeld, in dem sich der Mensch befinde. Und das, was einen sich darin bewegen lasse, sei – wie Lou es nannte – »verwandelter Eros«: ein erotisches Begehren, wobei sie damit nicht eine bloße sexuelle Anziehung meinte, sondern ein Zusammenspiel aus eigener Sehnsucht (und somit primär Vorhandenem im Selbst) und einer geahnten Entsprechung im Anderen, die einen zu ziehen vermag bzw. wovon man sich (an-)ziehen lässt und was einen Sogfaktor darstellt.

»Eros«, »Begehren«, das, was einen dazu bringt, sich überhaupt von sich selbst weg auf etwas zu und transzendenter wieder zu sich zurückzubewegen – an dieser Stelle taucht eine völlig andere Qualität als bei Freud auf. Und diese steht in direkter Beziehung zum Urgrund, zur Tiefenstruktur des Erinnerten.

Bei Freud fungiert der Trieb als Antrieb und Motor für Entwicklung, wobei »Trieb« im Sinne von »Hunger« dabei eher einen Mangel impliziert: Hunger, der gestillt werden muss, Trieb auf der Suche bzw. Jagd nach Befriedigung – notfalls auch nach Ersatzbefriedigung, wodurch der Mensch fast unausweichlich ein mehr oder weniger neurotisches Opfer eben dieser Triebe wird. Dem steht jetzt Andreas-Salomés schillernder »Eros«-Begriff gegenüber: erotisches Begehren als Antrieb, wobei dieses Begehren eher im Sinne von »Appetit« zu verstehen ist, so dass sich ein weit komplexeres Spiel an Möglichkeiten eröffnet.

Lou Andreas-Salomé ging von sich selbst – der in sich ruhenden Frau – aus: Alles, was werden kann, ist in Form des Urgrundes, den man in sich trägt, als eine Art Matrize angelegt. Es geht nur noch darum, dieses zutiefst Ureigene immer mehr und bewusster zu entdecken, wiederzufinden und somit zurückzufinden zu sich selbst – verwandelt, transzendenter.

Der Weg dahin ist eine durch Sehnsucht und erotisches Begehren induzierte lebendige Interaktion mit dem *Ich*, mit dem *Du*, mit allem, was *ist*. Oder auch anders ausgedrückt: der sich im Spannungsfeld der Doppelrichtung des Narzissmus bewegende Mensch.

Die von Lou Andreas-Salomé beschriebene Sehnsucht, die ein Begehren impliziert, weist also auf eine ganz andere Qualität als der Freud'sche Triebbegriff hin.

Darin klingt an, was zum Beispiel Jean Laplanche im weiteren

Verlauf des 20. Jahrhunderts in seiner »Allgemeinen Verführungstheorie« (vgl. u. a. Laplanche, 1985/1988/1996) herauszuarbeiten versuchte. Im Gegensatz bzw. Ergänzung zur Freud'schen Lehre, nach der sich der Mensch anscheinend aus seinem Unbewussten heraus entwickle und seinen Trieben förmlich ausgeliefert sei, tauchte bei Laplanche ein »Primat des Anderen« auf: Der Mensch konstituiere sich durch einen »fremden Anderen« und dessen rätselhaften Botschaften. Laplanche sprach von »rätselhaften Signifikanten«, die im Sinne einer »Urverführung« in Gestalt des Anderen dem Individuum entgegentreten und die ein Begehren auf der Seite des Verführten voraussetzen, diese Botschaften zu übersetzen, um das Fremde bzw. das eigene Fremde zu entschlüsseln und zu integrieren.

Auch im Rahmen von Heinz Kohuts (1999, 2000) Selbstpsychologie wird dem Konzept der Bindung eine zentrale Rolle zugeschrieben und als Motivationskraft gesehen, Selbstkohäsion herzustellen. Bindungstheoretiker wie John Bowlby (vgl. hierzu Fonagy, 2006) wiesen darauf hin, dass das Bedürfnis kleiner Kinder dahin gehe, frühzeitig eine sichere Bindung an die Mutter zu entwickeln, und er betonte den Wert sicherer Bindungen für das Überleben und weitere Entwicklungsmöglichkeiten. Seiner Auffassung von Objektbeziehungen entsprechend werde das menschliche Verhalten nicht von Trieben, sondern von Beziehungen motiviert.

Fonagy et al. (2006) vertreten in der aktuellen Diskussion um Mentalisierungsprozesse die These, »dass die Bindung kein Selbstzweck ist, sondern dass sie dazu dient, die Entwicklung eines Repräsentationssystems zu ermöglichen, das [...] im Dienste des menschlichen Überlebens steht«. In diesem Sinne sei »mentale Urheberschaft als eine sich entwickelnde und konstruierte Fähigkeit zu begreifen«, wobei Entwicklung und Mentalisierung »in entscheidendem Maße von Interaktionen mit reiferen Psychen ab[hänge]« (Fonagy et al., 2006, S. 10 ff.).

Lou Andreas-Salomé hat in ihrem Leben den von ihr beschriebenen Prozess konsequent gelebt. Der ihr eigene ausgeprägte Eigen-Sinn und die immer gefühlte und nie in Frage gestellte Einbindung in das von ihr beschriebene Allumfassende, den Urgrund, und die Sehnsucht danach ließen sie unbeirrt ihren ungewöhnlichen und unkonventionellen Lebensweg gehen und sich mit unbekümmerter

Offenheit und Neugier auf Beziehungen unterschiedlichster Art einlassen, diese gestalten und ggf. auch wieder beenden.

Im Spannungsfeld dieser Begegnungen entwickelte sie sich selbst – gemäß ihrer Grundüberzeugung: In der Oszillationsspannung erotischen Begehrens *erinnere ich mich selbst.*

Das parallele Universum: Rainer Maria Rilke

An dieser Stelle soll der Bogen noch einmal (zurück)verfolgt werden zu dem Menschen, der Lou Andreas-Salomé Anlass gegeben hatte, sich der Psychoanalyse zuzuwenden, und mit dem sie eine lebenslange, enge freundschaftlich Beziehung verband, in der ein anhaltender wechselseitiger Reiz an und in der Begegnung ein beiderseitiges Sich-Weiterentwickeln induzieren sollte: Rainer Maria Rilke.

Rainer Maria Rilke (eigentlich *René* M. Rilke – auch er bekam seinen Namen von dem Menschen, dessen Begegnung ihn prägen sollte: Lou; vgl. Welsch und Wiesner, 1990, S. 165) wurde am 4. Dezember 1875 in Prag geboren. Nachdem Lou Andreas-Salomé ihre vierjährige Liebesbeziehung zu Beginn des Jahres 1901 beendet hatte, heiratete Rilke noch im selben Jahr die Worpsweder Bildhauerin Clara Westhoff, die er bereits 1900 bei einem Besuch der Künstlerkolonie Worpswede kennen gelernt hatte; die gemeinsame Tochter Ruth wurde im Dezember 1901 geboren. Die Ehe gestaltete sich als schwierig, und Rilke ging 1902 nach Paris und arbeitete dort als Sekretär für den Bildhauer Auguste Rodin.

Ab 1903 nahm Rilke den zunächst brieflichen Kontakt zu Lou Andreas-Salomé wieder auf. Die Seelenkrisen von Rilke waren für Lou Andreas-Salomé ein Motiv gewesen, sich der neu entwickelnden Wissenschaft der Psychoanalyse zuzuwenden. Lou bemühte sich, Rilke in seinem individuellen So-Sein zu erfassen – wobei sicherlich auch ihr zunehmendes Wissen über die Psychoanalyse mit einfloss –, und begleitete ihn in dem Prozess des Ringens um sein menschliches und künstlerisches Werden.

Wiederholt wurde von beiden die Frage nach einer Analyse Rilkes erörtert. Rilke setzte sich – angeregt durch Lou – ebenfalls theoretisch mit der Psychoanalyse auseinander und entschied sich schließlich gegen die Durchführung einer eigenen Analyse. Rilkes Weg sollte ein anderer sein und Ausdruck finden in einer zunehmend verdichteten Sprache und Poesie seines Spätwerkes. Während Lou Andreas-Salomé ihr Lebensthema – die Suche nach einer Wiederanbindung an den Urgrund – im Rahmen ihrer Auseinandersetzung mit der Freud'schen Psychoanalyse verfolgte, begann Rilke ab 1912 mit der Niederschrift der Duineser Elegien, die er 1922 vollendete. Rainer Maria Rilke starb am 29. Dezember 1926 an den Folgen einer Leukämie-Erkrankung.

Im ersten Teil des Kapitels wird der Beziehung Lou Andreas-Salomé/Rainer Maria Rilke anhand von Lebenszeugnissen – unter anderem Briefwechsel (1989), Lebensrückblick (1996) – nachgespürt. Im zweiten Teil wird versucht, ein Verständnis für die philosophische Poesie von Rilkes Spätwerk zu gewinnen, und der Frage nachgegangen, welchen Einfluss seine Lyrik auf Lou Andreas-Salomés Verständnis der Psychoanalyse gehabt haben mag.

Verknüpfte Leben: Lou Andreas-Salomé und Rainer Maria Rilke

Lou Andreas-Salomé hatte bereits in der Beobachtung des jungen Rilke festgestellt, dass er »ganz von seiner menschlichen Sonderart aus« gewirkt habe. Sie bemerkte an ihm »eine Ungeteiltheit von Geist und Sinnen, ein Ineinanderschwingen von beidem: der Mensch ging noch unverkürzt und unbesorgt in den Künstler und der Künstler im Menschlichen auf. […] es war eine Ergriffenheit, die sich zu zerspalten noch gar nicht verstand und die keine Zweifel, kein Zaudern und Gegenurteilen in sich kannte außerhalb der noch unruhigen Entwicklung seiner poetischen Bewältigung« (Andreas-Salomé, 1996, S. 114 f.).

Weiter führte sie in ihrem »Lebensrückblick« aus: »Gedenkt man von da aus des spätern, des schon zielnahen, in seiner Kunst sich vollendenden Dichters, so wird es überaus klar, warum ihn dies die Harmonie der Persönlichkeit kosten mußte. Ohne Zweifel steckt ja […] in allem Kunstvorgang ein Stück solcher Gefahr, solcher Nebenbuhlerschaft zum Leben: für Rainer noch unberechenbar gefährlicher, weil seine Veranlagung darauf gerichtet war, lyrisch das fast Unaussprechbare zu bewältigen, dereinst einmal dem ›Unsäglichen‹ das Wort zu bereiten mit der Gewalt seiner Lyrik. Dadurch konnte es später in seinem Fall geschehen, daß die lebensvolle Selbstentfaltung einerseits und die Entfaltung der künstlerischen Genialität anderseits sich nicht gegenseitig förderten, sondern beinahe wider einander wuchsen, daß also die Ansprüche von Kunst und Vollmenschentum in dem gleichen Maße in Streit gerieten, als die Kunstleistung in ihre ungeheure, ausschließende Werkwirklichkeit aufging. Diese tragische Wendung bereitete sich immer unabänderlicher darin vor« (S. 115).

»Wer es geschehen sah, dem bleibt tief im Blut ein Wissen um das Unaufhebbare von Rainers letzter Einsamkeit, die ihm, auch noch auf den Bergesgipfeln, nur einen Augenblick lang schonend die Hand auf die Augen deckte, vor dem Abgrund verdeckte, in den er sprang. Wer es geschehen sah, mußte es geschehen lassen. Machtlos und ehrfürchtig« (S. 138).

Aber sie bemerkte auch: »Die Wucht deiner innern Problematik riß mich zu Dir hin, und nie hat diese Wirkung nachgelassen. [...] Und doch: riß es mich nicht zugleich von Dir fort?« (S. 146).

Am 26. Februar 1901 schrieb Lou Andreas-Salomé an Rilke: »Begreifst du meine Angst und Heftigkeit, wenn Du wieder abglittest, und ich das alte Krankheitsbild wiedersah? [...] Allmählich wurde ich selber verzerrt, zerquält, überanstrengt [...] gab die eigene Nervenkraft aus«. Mit diesem Brief beendete Lou nach vier Jahren die innige Liebesbeziehung zu Rilke. Sie hatte ihm beim Abschied noch einen Zettel zugesteckt: »Wenn einmal viel später Dir schlecht ist zu Muthe, dann ist bei uns ein Heim für die schlechteste Stunde« (Rilke und Andreas-Salomé, 1989, S. 54 ff.).

Rilke hatte sich nach der Trennung von Lou Andreas-Salomé der Künstlerin Clara Westhoff zugewandt, die er bald heiratete, doch 1902 wieder verließ. Mit einer vorsichtigen Anfrage, ob er »einmal nur, für einen einzigen Tag [...] Zuflucht suchen dürfte«, nahm Rilke im Juni 1903 den Kontakt zu Lou Andreas-Salomé wieder auf, wobei sie vorschlug: »Laß uns [...] zunächst schriftlich uns wieder sehn« (S. 56 f.). Erst ab dem Jahr 1905 fanden auch wieder persönliche Treffen in Form gegenseitiger Besuche statt. Nachdem die Verbindung zu Lou Andreas-Salomé wieder geknüpft war, teilte ihr Rilke brieflich mit: »Ich bin immer noch Lebens-Anfänger und habe es schwer« (S. 57).

Ende Juni 1903 schrieb Rilke an sie: »Aber dann kam etwas so Banges, kam und kam wieder, und verließ mich nicht mehr ganz [...]. Fern in meiner Kindheit, in den großen Fiebern ihrer Krankheiten, standen große unbeschreibliche Ängste auf, Ängste wie vor etwas zu Großem, zu Hartem, zu Nahem, tiefe unsägliche Ängste, deren ich mich erinnere; und diese selben Ängste waren jetzt auf einmal da, aber [...] sie erfassten mich mitten am Tage, wenn ich mich gesund und muthig meinte, und nahmen mein Herz und hielten es über das Nichts. Kannst Du verstehen wie das ist; alles verändert sich, fällt mir von den Sinnen ab und ich fühle mich hinausgedrängt aus der Welt, darin alles vertraut und nahe und sinnvoll ist, in eine andere ungewisse, namenlos bange Umgebung. Wohin? Dann war mir [...] als wäre auch ich allen fremd wie ein in fremden Landen Gestorbener, allein, überzählig, ein Bruchstück anderer Zusammenhänge. Und da war meine Bangheit sehr groß.« Und er erbat Rat und Klärung von Lou: »Du allein weißt wer ich bin. [...] Muß ich mich fürchten?« (S. 59 f.).

Die Briefe Rilkes an Lou Andreas-Salomé muten an als Briefe eines Suchenden an seine Therapeutin. Rilke sah in Lou nun nicht mehr die Geliebte, sondern die Vertraute und mütterliche Freundin. Rilke schilderte ihr Begebenheiten und Ereignisse aus seinem Leben, teilte Befindlichkeiten mit, bat sie um Rat und suchte immer wieder *sich* in dem Spiegel, den sie ihm bot.

Lou Andreas-Salomé fiel es zunächst nicht leicht, sich auf diesen Kontakt einzulassen. Im August 1903 schrieb sie Rilke jedoch: »Nach vielen Jahren vielleicht erst, werden Dir gewisse höchste Verwirklichungen Deiner selbst um dieser Stunden willen aufsteigen wie Erinnerungen, und die tiefe Logik offenbar machen, die Mensch und Künstler, Leben und Traum, zusammenhält. Ich für mein Theil bin jetzt dessen gewiß, was Du bist: [...] daß ich uns Verbündete glaube in den schweren Geheimnissen von Leben und Sterben, eins im Ewigen was die Menschen bindet. Du kannst Dich von nun ab auf mich verlassen« (S. 90).

Basierend auf dem tiefen Liebeserleben, das sie miteinander geteilt hatten, schrieb Rilke an Lou: »So fühlte ich es damals und ich weiß heute davon, daß gerade in der unendlichen Wirklichkeit, die Dich umgab, für mich das tiefste Ereignis lag jener unsäglich guten, großen, gebenden Zeit; die umgestaltende Erfahrung, die [...] mich ergriff, sie ging von dem unsagbar Wirklichen aus das Du warst«. Für Rilke in seiner Zerrissenheit war Lou Andreas-Salomé »die ruhige Stelle, an der mein Blick sich hielt« (S. 124 f.).

Und so schrieb er am 15. April 1904 an sie: »Wenn Du, – was manchmal geschieht – in meinem Traume bist, dann ist dieser Traum und sein Nachklang im folgenden Tag wirklicher denn alle tägliche Wirklichkeit, ist Welt und Geschehen. Ich denke daran, weil die Nacht [...] und dieser Tag [...] also verging: in deiner Nähe, die mich ruhig, geduldig und gut macht« (S. 145).

Lou Andreas-Salomé begleitete Rilke in den dann folgenden Jahren in dem Prozess des Ringens um sein menschliches und künstlerisches Werden. Und in dem Glauben, dass er »sein Leiden innerhalb seiner Künstlerexistenz würde lösen können« (Welsch und Wiesner, 1990, S. 213), bestärkte und ermutigte sie ihn, auf dem Weg, künstlerischen Ausdruck zu suchen, weiter voranzuschreiten: »Gerade erwähnt Ellen [Key][19], daß es Dir nicht recht gut geht, und ich kann es mir augenblicklich gar nicht ganz vergegenwärtigen, weil ich unter dem Eindruck stehe des Beglückenden in Deinen Gedichten. Sie sind doch auch um Dich, so dicht, so nah; was für ein unerhörter Glückspilz bist Du mit diesem Besitz, Rainer. Und, weißt Du, dies ist es auch sicher, weswegen die volle menschliche Ehrlichkeit im Künstlerischen noch wichtiger ist als die andern Menschen gegenüber: ohne sie verlöre man diese Zuflucht in sich selbst. Die einzig untrügbare« (S. 226).

Angesichts von anhaltenden Depressionen und einer suizidalen Krise Rilkes wurde von beiden in den Jahren ab 1911 wiederholt die Frage nach einer Analyse Rilkes erörtert. Diesbezüglich schrieb Rilke am 28. Dezember 1911 an Lou Andreas-Salomé: »Ich denke weniger als früher an einen Arzt. Die Psychoanalyse ist eine zu gründliche Hülfe für mich, sie hilft ein für alle Mal, sie räumt auf, und mich aufgeräumt zu finden eines Tages, wäre vielleicht noch aussichtsloser als diese Unordnung« (S. 240).

Diese Gedanken führte er in einem Brief vom 24. Januar 1912

19 Ellen Key (1849–1926), schwedische Pädagogin, Lehrerin und Schriftstellerin.

weiter aus: »Ich weiß jetzt, dass die Analyse für mich nur Sinn hätte, wenn der merkwürdige Hintergedanke, nicht mehr zu schreiben […] mir wirklich ernst wäre. Dann dürfte man sich die Teufel austreiben lassen, da sie ja im Bürgerlichen wirklich nur störend und peinlich sind, und gehen die Engel möglicherweise mit aus, so müsste man […] sich sagen, daß sie ja in jenem neuen nächsten Beruf (welchem?) sicher nicht in Verwendung kämen. Aber bin ich der Mensch zu einem solchen Versuch mit allen Konsequenzen dieses Versuchs?« (S. 252 f.).

Rilke entschied sich gegen diesen Versuch. Und für ein Erhören der Engel: Im Winter 1911/1912 begann er auf Schloss Duino mit der Niederschrift der ersten Duineser Elegie:

»Wer, wenn ich schriee, hörte mich denn aus der Engel
Ordnungen? und gesetzt selbst, es nähme
einer mich plötzlich ans Herz: ich verginge vor seinem
stärkeren Dasein. Denn das Schöne ist nichts
als des Schrecklichen Anfang, den wir noch grade ertragen, […]«

Rainer Maria Rilke (1998, S. 629).

Über die Entstehung dieser ersten Elegie habe Rilke der Prinzessin Marie von Thurn und Taxis-Hohenlohe, als deren Gast er auf dem – auf einem Felsvorsprung hoch über der Adria gelegenen – Schloss Duino weilte, im Gespräch berichtet, dass es ihm »plötzlich gewesen [sei], als ob im Brausen des Sturmes eine Stimme ihm zugerufen hätte: Wer, wenn ich schriee, […]? Diese Worte habe er sogleich niedergeschrieben, und unwillkürlich, ohne sein eigenes Bemühn, hätten noch einige weitere Verse sich angereiht«. Es habe sich nicht um einen »willentlich angetriebenen ›Arbeits‹-Prozeß […], sondern [um] ein geheimnisvolles Inspiriert- und Ergriffenwerden« gehandelt (Holthusen, 2003, S. 108).

Rilke setzte sich – angeregt durch Lou Andreas-Salomé – auch inhaltlich mit der Psychoanalyse auseinander. In dem Text »Der Brief des jungen Arbeiters« (Rilke, 1922)[20] äußerte er eine indirekte Freud-Kritik: »Es ist mir […] immer unbegreiflicher, wie

20 Vgl. auch Holthusen, 2003, S. 129; Freud und Andreas-Salomé, 1980, S. 255.

eine Lehre, die uns dort ins Unrecht setzt, wo die ganze Kreatur ihr seligstes Recht genießt, in solcher Beständigkeit sich, wenn auch nirgends bewähren, so doch weiterhin behaupten darf. […] Warum […] wenn man uns helfen will, uns so oft Hülflosen, warum läßt man uns im Stich, dort an der Wurzel alles Erlebens? Wer uns dort beistände, der könnte getrost sein, daß wir nichts weiter von ihm verlangten. Denn der Beistand, den er uns dort einflößte, wüchse von selbst mit unserem Leben und würde größer und stärker mit ihm zugleich. Und ginge nie aus. Was setzt man uns nicht ein in unser Heimlichstes? […] Warum hat man uns das Geschlecht heimatlos gemacht, anstatt das Fest unserer Zuständigkeit dort hin zu legen?« (Rilke, 1922/1974).

Rilke führte weiter aus, da man dem »Geheimnis [des] eigenen Lebens« den ihm seiner Ansicht nach zustehenden Platz nicht einräume, »haben so viele es an ihren Rand verschoben und darüber das Gleichgewicht verloren« (Rilke, 1922) oder – anders ausgedrückt – eine Neurose entwickelt.

Rilke hatte Abstand genommen von der Idee, sich einer Analyse zu unterziehen, wenngleich er in Zeiten schwerster Krisen den Gedanken daran noch wiederholt in Erwägung gezogen hat; so zum Beispiel, als er nach Abschluss der Elegien 1925 erneut in eine tiefe Depression verfiel; er brach die Behandlung nach einer Woche jedoch wieder ab, da ihn die eintretende Regression zu sehr ängstigte (vgl. Welsch und Wiesner, 1990, S. 379). Laut Welsch und Wiesner habe Ernst Pfeiffer, der Begleiter von Lou Andreas-Salomés letzten Lebensjahren, einmal in einem Gespräch geäußert, Lou habe Rilke in all den Jahren »am Rand der Psychoanalyse entlanggeführt« (1990, S. 378).

In den Jahren zwischen 1912 und 1922, in denen Rilke um ein Werden seiner Elegien rang, wurde der Briefwechsel mit unverminderter Intensität fortgeführt. Rilke äußerte häufig quälende Selbstzweifel. Im März 1912 schrieb er an Lou Andreas-Salomé: »Ach, Lou, beim Gedanken, daß ich mich über alledem noch einmal ins Leben hineinfinde, nimmt sich mein Herz so viel vor; es ist furchtbar, daß ich […] an einer Stelle war, wo es hätte zu Ende sein dürfen. Und noch bin ich nicht drüber hinaus […]. Schließlich muß doch die Seele mehr geworden sein, aber warum leb ich nicht in ihr wenn Raum ist im Geistigen, warum erfahr ich von jedem

Geräusch im Körper und bin beirrt und zerstreut davon und ins Elend der kleinsten Dinge so verstrickt […].

Ich sehe manchen Tag alle Kreatur mit der Sorge an, es könnte in ihr ein Schmerz ausbrechen, der sie schreien macht, so groß ist meine Angst vor dem Mißbrauch, den der Körper in so vielem mit der Seele treibt, die in den Thieren Ruhe hat und in den Engeln erst Sicherheit« (Rilke und Andreas-Salomé, 1989, S. 264 f.).

Immer wieder beschwor Rilke in seinen Briefen das Band, durch das er sich mit Lou Andreas-Salomé verknüpft sah, die Verbindung zum das eigene Selbst erst wirklich machenden, spiegelnden Gegenüber: »Wenn wir uns nur sehen, liebe Lou, das ist jetzt meine große Hoffnung. Ich sage mir oft, daß ich nur durch Dich mit dem Menschlichen zusammenhänge, in Dir ist es mir zugekehrt, ahnt mich, athmet mich an« (S. 279 f.).

Lou Andreas-Salomé antwortete ihm daraufhin: »Das ureigentlichste Erlebniß hab ich, das Du bist, und nichts in der Welt könnte mich dann überzeugen, daß inzwischen auch nur das kleinste Stück von Dir fortgebröckelt sei, denn Du bist ganz darin aufbewahrt und heil, d. h. der tiefste Erleber dessen, worin Menschenwesen besteht. Ja, ich hab Dich dann, sehe Dich wieder, und es ist wirklich das Trostvollste das ich weiß, daß Du solche heimliche Reise bis zu mir hin und bis in alle meine Anschauung vom Innersten des Lebens unternehmen kannst« (S. 281).

Lou Andreas-Salomé teilte Rilke wiederholt ihre Zuversicht mit; aus ihrem intuitiven Erschauen des Anderen – und niemand stand ihr näher als Rilke – ahnte sie, dass sich in ihm Großes vollenden würde. In einem Brief vom August 1913 schrieb sie an ihn: »Und Dir mußte es so geschehen: weil alles in Dir so unausweichlich Bild, ein Außen, anschaubar, werden muß, Werk beinahe, infolge der Innerlichkeit all Deines Geschehens. Dadurch ist es so sehr Dein, – Dein Schicksal, was sich da vollzieht, urnotwendig wie innere Vollendung, in Form von Geschenken, Schenkungen, welche doch nur die Kehrseite deiner Taten sind, – und infolgedessen der ungeheure Reichtum sein werden, den Du damit zugleich in das Leben […] hineinstellst. […] Alles ist so gut, Du. Alles was vor dir liegt, sind Offenbarungen, und sie sind endlos« (S. 297).

Sie teilte ihm aber auch mit: »[…] aber Du weißt ja […] daß ich Dir nur helfen wollte. Das können aber Menschen einander nicht. Nur im tiefsten, letzten Sinn zusammenhalten« (S. 303). Und genau dieses Zusammenhalten war es, dessen Rilke bedurfte: »[...] das Andere ist nun für mich und für den Engel da, wenn wir nur zusammenhalten: er und ich, und Du von ferne« (S. 305).

Über einen Verlauf von mehreren Jahren mutet die Beziehung zwischen Lou Andreas-Salomé und Rainer Maria Rilke, so, wie sie sich in ihrem Briefwechsel darstellt, einseitig an. Es finden sich wiederholende Klagen von Seiten Rilkes: »[...] auch diesmal durch die Prüfung gefallen [...] und noch ein Jahr in derselben Schmerz-Classe sitzen [müssen]« (S. 322). Und Lou Andreas-Salomé nahm es mit ihrer verstehenden und annehmenden Art auf und spiegelte ihm unerschütterliche Zuversicht.

Während dieser Zeit zwischen 1912 und 1926 (Rilkes Tod) arbeitete Lou Andreas-Salomé sich zunehmend in das theoretische Gedankengebäude der Psychoanalyse ein und begann mit eigener therapeutischer Arbeit als Analytikerin in Göttingen. Der Austausch mit Rilke bedeutete für sie auch eine Teilhabe, ein tiefes Einblick-Gewinnen in ein um Selbst- und Werkwerdung ringendes Menschenwesen. Das Schwere dieses Prozesses begriff sie nicht als Last, sondern betrachtete es als Bereicherung und Geschenk: »Du schenktest mir ein Stück Leben und ich brauchte es noch inbrünstiger als du weißt« (S. 409). Und es war ein großes Stück Leben, welches Rilke noch für sie bereit hielt.

Im Februar 1922 vollendete er in Château de Muzot seine Elegien, die er 1911 während eines Aufenthaltes auf Schloss Duino nach dem Zuruf eines Engels erhört und aufzuschreiben begonnen hatte. Am 11. Februar 1922 schrieb er an Lou: »Denk! Ich habe überstehen dürfen bis dazu hin. Durch alles. Wunder. Gnade. [...] Es war wie ein Orkan [...]. Jetzt weiß ich mich wieder. Es war doch wie eine Verstümmelung meines Herzens, dass die Elegieen nicht da-waren. Sie sind. Sie sind. [...] Du solltest es gleich erfahren« (S. 444 ff.).

Und Lou Andreas-Salomé antwortete ihm umgehend: »Wie hat er [der Engel] Dich beschenkt, und wie Du mich! Ich saß und las und heulte vor Freude, und es war gar nicht nur Freude, sondern ein Mächtigeres, als würde ein Vorhang zerteilt, zerrissen, und alles auf einmal still und gewiß und vorhanden und gut. [...] [Es ist] gesagt, in Vorhandenheit gehoben das Unaussprechliche. Und das ist es doch überhaupt, um was allein es sich handelt, daß wir umgeben, umringt sind von Vorhandenheiten die nur so zur Existenz erlöst werden für uns, und doch sind, wovon wir allein leben«. Sie bezeichnete die Elegien als »die Wort gewordene Unaussprechlichkeit« und nannte es einen »Urtext der Seele« (S. 446).

Und Rilke, als könne er erst nach einem Auf- und Angenommensein seiner Texte durch Lou dieses Vorhandensein anerkennen, antwortete: »Über dem Lesen Deines guten mit-wissenden Briefes: wie überkam's mich noch einmal, diese Sicherheit von allen Seiten, daß es nun da ist, da, das so lang, das seit je Erstandene!« (S. 447).

Nachdem dieser »Urtext« nach so langem inneren Ringen endlich seinen Ausdruck und eine Form gefunden hatte, nahm Lou Andreas-Salomé es – wie gewohnt – auf und reflektierte: »Ich lebe mitten drin in dem von Dir mir Aufgeschriebenen, und der Patientenarbeit ist es nicht hinderlich sondern seltsam hilfreich, wie Heilendes in mir, und ich lese es mitten drin, oftmals nur zehn oder zwanzig Minuten lang, so bleibt es doch auch zugleich einig und ganz in sich geborgen, mit unendlichem Rahmen der es scheidet, unendliche Art des Erlebens« (Rilke und Andreas-Salomé, 1989, S. 449).

Weiter schrieb sie: »Das werde ich Dir ja nie sagen können, wie das mir ist und wie ich unbewußt darauf wartete, das Deine so als das Meine zu empfangen, als des Lebens wahrhaftige Vollendung. Ich will Dir dafür dankbar bleiben bis an das Ende, bis an den neuen Uranfang« (S. 453).

Rilke hatte Lou Andreas-Salomé zu Weihnachten 1923 ein Exemplar der Vorzugsausgabe der Duineser Elegien geschickt, die im Insel-Verlag 1923 erschienen war. Dieses Exemplar war mit folgender Widmung versehen: »Für Lou, die es seit immer mit mir besitzt, dies nun endgültig Gestaltete: Rainer« (S. 462).

Rilke hatte in einem jahrelangen Prozess des totalen In-sich-hinein-Gehens und Mit-sich-Ringens dieses schon immer Besessene und Gefühlte – die innere Welt – nun endgültig gestaltet und es zu einem – (be)greifbaren – Ausdruck und in eine Form gebracht. Lou Andreas-Salomé nahm dies auf und holte es in die Realität, zunächst in ihre Lebens- und Arbeitsrealität, und stellte somit eine Verknüpfung her.

Für sie hatte eine Parallelität der inneren und äußeren Welt nie in Frage gestanden, ausgehend von ihrem Urgrund-Erleben und dem gefühlten Eingebundensein in alle Seinszusammenhänge. Und für sie fand genau dies seinen Ausdruck in der verdichteten, erleuchteten Sprache der Elegien.

Im März 1924 schieb sie an Rilke: »[…] ich muß dir gleich noch weiter erzählen […]: nämlich von Erlebnissen, die ich […] mit Kranken, Genesenden daran hatte. Es handelte sich um Solche, denen, zufolge ihrer Neurose, alles tot geworden war, und sie selber waren sich's auch; nicht nur in tiefer Gleichgültigkeit überhaupt, sondern in der Weise, daß Lebendiges – Mensch, Kreatur, Natur – ihnen sofort dinghaft wurde, Sachwert, Unwert, letztlich Unrat, Abhub; woraus schwere Angstzustände entstehn, bitterliches Entsetzen: tot unter Totem, sich außerhalb seiner selbst, auslogiert aus sich, dem lebendig Entsetzten, zu fühlen. Es ist verschieden, woran im Genesenden sich das zuerst löst […]. Andere aber horchten zum ersten mal auf an Deinem Ton als dem des Lebens: und das war von unbeschreiblicher Erschütterung, daß sie ihn hörten und verstanden, ehe sie noch das Verständlichste des sie umgebenden Tages lebendig zu fassen vermochten […]. Was da anklang, das kam bis zu ihnen lediglich infolge der gleichen Tiefe worin die Begnadeten und die krankhaft Entgnadeten nahe beieinander wohnen, denn Himmel und Hölle sind gar nicht zwei Örter« (Rilke und Andreas-Salomé, 1989, S. 463).

Und Lou Andreas-Salomé führte weiter aus: »Weißt Du, das ist auch eine Erkenntnis […]: daß alle Neurose ein Wertzeichen ist, daß sie bedeutet, hier wollte Jemand bis an sein Äußerstes, – darum entgleiste er eher als Andere, – sie, die Gesundgebliebenen, waren gegen ihn einfach die Vorliebnehmenden; sein edelster Anspruch machte ihn unter ihnen klein. Wird er gesund, so steht er auf einem ragendern Niveau als wie wenn er gesund geblieben wäre (– und ist dann gegen Wiedererkranken gesicherter als Jene, denn von ihnen kam keiner entlang an seinen Erinnerungen und Wiedererlebnissen so tief in den unbewußt gewesenen Umfang seiner selbst). Jetzt frage ich mich nicht nur beim Kranken: wodurch erkrankte er? sondern auch, nicht minder argwöhnisch, beim Gesunden: wodurch blieb er gesund? Und seitdem gibt es […] Augenblicke, wo die Betreffenden sich ihrer vorsichtig, umsichtig eng-erhaltenen Gesundheit ein bißchen schämen oder wenigstens eine neue Ehrfurcht lernen« (S. 463 ff.). Rilke selber hatte durch Lou Anteil daran: »Ich […] hole mir daraus ein unbeschreibliches Geborgensein« (S. 466).

Ihm war es gelungen, als Grenzgänger die Grenze in sich zu überschreiten und seinem – gefühlten – Innen einen Ausdruck zu verleihen. Aber er vermochte den Abgrund in sich schlussendlich nie zu überwinden. Darin ähnelte er Vincent van Gogh, der die Tiefe und das Umfassende des Lebens (und des Todes) durch die Macht und Dynamik seiner Farben in seinen Bildern auszudrücken vermochte, der aber die Hölle in sich zu Lebzeiten nicht zu überwinden vermochte und schließlich den Suizid wählte als Möglichkeit, den Abgrund in sich zu überwinden und die zwei Welten, zwischen denen er sich zerrissen fühlte, zu verbinden: »Vincent hat den Tod genommen, um auf einen Stern zu gelangen«, um den »Wirbel der Welten« zu überwinden (Leprohon, 1990, S. 415/367). Wie van Gogh gehörte auch Rilke »zu jenen, die […] das Leben nur aussagen, nicht aber besitzen« (Nizon, 1985, S. 370).

In seinem letzten Brief an Lou Andreas-Salomé am 13. Dezember 1926 schrieb Rilke ihr: »Woher den Muth nehmen? […] Aber. Die Höllen. […]« (Rilke und Andreas-Salomé, 1989, S. 485). Die Möglichkeit, die Lou ihm bis zum Schluss – fast beschwörend – hatte mitteilen wollen: »Trotz allen Erleidens […] DIR vertrauend!« (S. 484), vermochte er nicht anzunehmen.

Rainer Maria Rilke starb am 29. Dezember 1926 an den Folgen einer Leukämie-Erkrankung. »Denn Rainer starb trostlos« notierte Lou Andreas-Salomé 1933 in einem Brief (zitiert nach Welsch und Wiesner, 1990, S. 385).

In ihrem »Lebensrückblick« schrieb sie später: »Was aber der Künstler schaffe, sei doch ein Hinweis auf Seiendes über personale Objekte hinaus […]. Denn das, was da sei, wisse als dann nicht von ihm: es brauche ihn ja auch nicht: nur er brauche es, um von sich überhaupt zu wissen. […] Von daher beim spontanen Durchbruch der Elegien sein [Rilkes] Jubel: ›sie sind – sie sind!‹ – nicht als Werk nur, sondern als die unfaßliche Existenz selbst, worin Leistung, die er schuf, und Wesenheit, die ihn darin gnadenvoll umgriff, nunmehr eins waren. Das ungewollt strenge Antlitz des Engels, das auf ihn fordernd niedersah, ward damit wieder zum antlitzlosen Gott, darein das Menschenkind eingeht wie in das Gesicht allen Lebens« (Andreas-Salomé, 1996, S. 133).

Was hatte es nun aber auf sich mit dem Ton, der in Rilkes Lyrik zu vernehmen war, den Lou Andreas-Salomé als den Ton des Lebens bezeichnet hatte und von dem sie bemerkt hatte, dass er Menschen aufhorchen ließ und selbst diejenigen, »denen zufolge ihrer Neurose alles tot geworden war«, zu erreichen vermochte? (Rilke und Andreas-Salomé, 1989, S. 463).

Von Engelwesen und Weltinnenraum: Gedanken zum Spätwerk von Rainer Maria Rilke und dem Wesen der Psychotherapie

Es winkt zu Fühlung fast aus allen Dingen,
aus jeder Wendung weht es her: Gedenk!
Ein Tag, an dem wir fremd vorübergingen,
entschließt im künftigen sich zum Geschenk.

Wer rechnet unseren Ertrag? Wer trennt
uns von den alten, den vergangnen Jahren?
Was haben wir seit Anbeginn erfahren,
als daß sich eins im anderen erkennt?

Als daß an uns Gleichgültiges erwarmt?
O Haus, o Wiesenhang, o Abendlicht,
auf einmal bringst du's beinah zum Gesicht
und stehst an uns, umarmend und umarmt.

Durch alle Wesen reicht der eine Raum:
Weltinnenraum. Die Vögel fliegen still
durch uns hindurch. O, der ich wachsen will,
ich seh hinaus, und in mir wächst der Baum.

Ich sorge mich, und in mir steht das Haus.
Ich hüte mich, und in mir ist die Hut.
Geliebter, der ich wurde: an mir ruht
der schönen Schöpfung Bild und weint sich aus.

Rainer Maria Rilke (1998, S. 878 ff.).

In diesem im Jahr 1908 verfassten Gedicht deutete sich bereits an, was in den folgenden Jahren in Form der Duineser Elegien Gestalt annahm.

»Es winkt zu Fühlung …« – damit deutete Rilke an, dass aus den Dingen heraus sich etwas mitzuteilen suche. Das scheint zu implizieren, dass etwas – an sich – in den Dingen sei, was sich mitzuteilen vermag, vorausgesetzt, dass auch im Menschen etwas sei, was mit diesem Unaussprechlichen in Verbindung treten könne und es erschauen, bzw. mit Rilke gesprochen, erfühlen könne. Möglich werde dies durch etwas, was Rilke an dieser Stelle als den »Weltinnenraum« bezeichnete. Ein Raum, der »durch alle Wesen reiche« und somit etwas Umfassendes, Verbindendes und alle Wesen umschließendes großes Ganzes zu meinen scheint: »[…] eine ganz aus Gefühl gemachte, im Unsichtbaren triumphierende Welt. […] Das Sein [sei] reine Immanenz: fühlend-fühlbarer ›Weltinnenraum‹« (Holthusen, 2003, S. 111).

Die Germanistin Käthe Hamburger sprach sogar von einer »Philosophie des Weltinnenraums«, die Rilke beschrieben habe: Alles, was ist, stehe mit so etwas wie dem Weltinnenraum in Verbindung (vgl. Emrich, 2004). Wie kann ein Mensch nun davon wissen und damit in Verbindung treten? Laut Rilke geschehe dies zum Beispiel durch die Vermittlung von Engeln.

H. M. Emrich (2004) schrieb über die Entstehung der Duineser Elegien, dass Rilke den Moment des Beginns der Niederschrift der ersten Elegie »nicht als eigene Dichtungen, sondern als die Folge eines Zurufs der Engel, die über dem Meer schwebten«, erlebt habe. Inspiriert worden sei Rilke durch Engel, die er auf Bildern El Grecos in Toledo gesehen habe. Durch das Erhören der Engel sei Rilke »vom Dichter zum Seher« und zum »Künder einer höheren Welt« geworden. Es sei um »das Übermitteln von Botschaften aus einer anderen Sphäre« gegangen, wobei Rilkes Engel als Metaphern für etwas zu Vermittelndes zu stehen scheinen.

Entscheidend sei aber die Verfasstheit des Menschen in diesem Zusammenhang. Dazu schrieb Emrich: »Menschen, die an diesen Weltinnenraum nicht nur Anschluss haben (das haben wir nach Rilke alle), sondern über diese ihre eigene Verfasstheit auch Kenntnis haben, sich mit diesem ihrem Anteil vom Weltinnenraum auch in ein adäquates Verhältnis setzen, ihn sich also bewusst machen, hören auf, ›einsam zu sein‹. Sie sind eingebettet in einen […] ›Innerlichkeitskosmos‹, der alles, was ›ist‹, mit allem anderen gewissermaßen verbindet, alle Momente des Daseins gewissermaßen im Hegel'schen Sinne miteinander vermittelt, was für Rilke eine tröstende Funktion hat« (Emrich, 2004).

An dieser Stelle wäre zu ergänzen, dass es eine tröstende Funktion haben *könnte.* Diese tröstende Funktion hatte Lou Andreas-Salomé erkannt, als sie in der ihr eigenen poetisch-blumigen Art beschrieb, ihre Patienten hätten aufgehorcht »auf deinen [Rilkes] Ton als dem des Lebens«, den sie in den Elegien vernommen hätten. Und Lou hatte eine »gleiche Tiefe« erkannt, in der »Himmel und Hölle gar nicht zwei Örter« seien, und sie hatte ergänzt: »so dass dein Ton als derjenige der Heimat zuerst wahrnehmbar wird, Heimat erst öffnet« (Rilke und Andreas-Salomé, 1989, S. 463).

»Heimat« hieß für Lou Andreas-Salomé: Ankommen bei sich und Eingebundensein im »Urgrund«, im Ureigensten und »Überwölbenden«. In ihren »Eintragungen der Letzen Jahre« schrieb sie: »Der Mensch schreitet auf das ihn Überwältigende zu, als hieße nur dies: zu sich selber. Und entfiele ihm sogar die Fähigkeit, sich an Beglaubigungen auszudenken, an Zusicherungen, was seinem Leben zu Andacht und Vertrauen werden könnte – dennoch vollzöge sich in ihm das natürlichste aller Wunder: daß das, was ihn am totalsten angeht, ein ihn selber Überwölbendes sei« (Andreas-Salomé, 1982, S. 97). Der von Rilke beschriebene »Weltinnenraum« scheint Lous »Urgrund« in einem ganz umfassenden Sinn zu entsprechen.

Wie kann der Mensch nun dieses Tröstende, das sich aus seinem schon immer Eingebunden-Sein in einen größeren Zusammenhang ergibt, erfahren bzw. wie kann es ihm erfahrbar gemacht werden?

An dieser Stelle stellt sich die Frage nach einem Zusammenhang zwischen der Rilke'schen Konzeption des Weltinnenraums und dem Wesen der Psychotherapie. Im Rahmen einer Vorlesung beschrieb Emrich, dass die Idee Rilkes darin bestehe, »die […] ›Verichlichungsprozesse‹ von Wirklichkeit quasi zu verabsolutieren und einen Weltwirklichkeitsinnenraum zu erschaffen, dem jedes Subjekt seinen je eigenen Zugang zuschreiben und sich quasi erringen und erarbeiten kann. Die Ich-Dimension hört damit auf, abstrakt zu sein; sie hat vielmehr eine Dimension von verobjektivierter Subjektivierung und verschafft uns einen Zugang zu anderen ebenso wie zu den ›Dingen‹, die gewissermaßen Geschwister in der Seinsfamilie menschlicher Wesen werden können« (Emrich, 2007).

Daraus ergibt sich einerseits die Möglichkeit, dass der Mensch sich diesen Zugang erringen und Anteil an diesem Weltwirklichkeitsinnenraum zu haben vermag, andererseits aber auch – über die eigene Verfasstheit hinaus – die Möglichkeit einer Teilhabe bzw. Anteilnahme am Anderen bekommen könne. Dies eröffnet die Möglichkeit, dass Menschen einander begegnen können.

Bei Buber hieß es: »Das Du begegnet mir. [...] Das Grundwort Ich – Du kann nur mit dem ganzen Wesen gesprochen werden. Die Einsammlung und Verschmelzung zum ganzen Wesen kann nie durch mich, kann nie ohne mich geschehen. Ich werde am Du; Ich werdend spreche ich Du. Alles wirkliche Leben ist Begegnung. Die Beziehung zum Du ist unmittelbar. Zwischen Ich und Du steht keine Begrifflichkeit, kein Vorwissen, keine Phantasie; und das Gedächtnis selber verwandelt sich, da es aus der Einzelung in die Ganzheit stürzt. Zwischen Ich und Du steht kein Zweck, keine Gier und keine Vorwegnahme; und die Sehnsucht selber verwandelt sich, da sie aus dem Traum in die Erscheinung stürzt. Nur wo alles Mittel zerfallen ist, geschieht die Begegnung« (Buber, 2006, S. 15 ff.).

Begegnung also als ein zentrales Geschehen in dem Prozess der Menschwerdung. In diesem Sinne *brauchen* Menschen einander. Lou Andreas-Salomé hatte einst an Rilke geschrieben, Menschen könnten einander nicht »helfen«, sondern »nur im tiefsten, letzten Sinn zusammenhalten« (Rilke und Andreas-Salomé, 1989, S. 303) – dies kann geschehen, indem sie sich in ihrem Menschsein begegnen.

An dieser Stelle wäre zu fragen, was dies für einen therapeutischen Prozess bedeutet bzw. bedeuten kann und was es ist, was im Rahmen eines therapeutischen Prozesses heilsam wirkt. Lou Andreas-Salomé habe – so berichtete Ernst Pfeiffer – seit 1913 »die Analyse im Freudschen Sinne« selbst praktisch ausgeübt, »unterstützt darin durch eine ursprüngliche Fähigkeit bildhaft intuitiven Schauens« (Rilke und Andreas-Salomé, 1989, S. 563). An anderer Stelle in der Literatur findet sich eine Notiz, Lou habe eine Gabe gehabt, »im Gespräch gedankliche Klärung herbeizuführen« (Welsch und Wiesner, 1990, S. 247).

Der schwedische Psychotherapeut Poul Bjerre, mit dem sie 1911 den dritten Psychoanalytischen Kongress in Weimar besucht und bei dem sie Freud kennen gelernt hatte, hatte sich gegen Ende seines Lebens gegenüber dem Andreas-Salomé-Biographen H. F. Peters dahingehend geäußert, dass Lou die Fähigkeit gehabt habe, »sich unmittelbar in die Gedankenwelt eines anderen zu versetzen« (Peters, 1964, S. 339). Weiter habe Bjerre ausgeführt: »In Gesprächen mit Lou sind mir Dinge klar geworden, die ich sonst wohl nicht gefunden hätte. Wie ein Katalysator aktivierte sie mein Denken. […] Im Geistigen wirkte ihre Nähe befruchtend und schöpferisch. Nicht nur anregend – aufregend. Man fühlte den Funken von Genialität in ihr. Man wuchs in ihrer Nähe« (S. 340).

Lou Andreas-Salomé äußerte sich 1931 gegenüber Freud über die Therapiesituation im Rahmen einer Analyse in ihrer Schrift »Mein Dank an Freud« (1990) einmal dahingehend: »Aber mir wurde daran vollends klar, was sich mir schon oft aufgedrängt hat: warum in der erwähnten Gegenübertragung des Analytikers auf den Analysanden, in der Art seines Interesses für ihn, etwas überraschend Analoges sich findet vom Verhältnis des Dichters zu seinen Gestaltungen. Es ist jener Grad von Objektivität; Neutralität, bei restloser Drangabe, die, unterirdisch, unwissentlich, ganz und gar auf letzter menschlicher Gleichheit beruht« (Andreas-Salomé, 1990, S. 252).

Weiter hieß es dann: »Wir sind durch unser Gesamtwesen veranlaßt, nur um so kräftiger auszuschreiten im realen Gegenüber der denkgegebenen Welt, weil auch diejenigen Tendenzen in uns, die das lieber überfliegen würden, auf keinem andern Wege ans Endziel ihrer eigenen Welt sich heimfinden. Ist es nicht ergreifend, sich darauf zu besinnen, wie wir erst an der denkbegrenzten, realveräußerlichten Wirklichkeit unserer verlangenden innern Welt zu Verwirklichungen verhelfen? […] Wir selber ›sind‹ der ›Mensch mit seinem Widerspruch‹, der an seiner Reibung erst sich fruchtbar selbst erlebt als Bewußter« (S. 323).

Ausgehend von einer »Bruderschaft aller Wesen« (Andreas-Salomé, 1982, S. 112) verfügte Lou Andreas-Salomé über die Fähigkeit, sich vorbehaltlos auf andere Menschen einzulassen. Schon in ihrer Jugend hatte sie gesagt: »Ich möchte in der Haut aller Menschen gesteckt haben« (zitiert nach Welsch und Wiesner, 1990, S. 285). Ihr spezifisches Bestreben war immer ein »Heimdrang in die Einheit mit allem was ist« (Andreas-Salomé, 1996, S. 219).

Ernst Pfeiffer hat in den Erläuterungen zum »Lebensrückblick« ein Gesprächswort von Lou Andreas-Salomé notiert, in dem sie Gemeinsamkeiten und Unterschiede gegenüber Freud verdeutlicht habe: »Sein [Freuds] Verdienst war es, daß er den Menschen in seiner Einheit mit allem Lebendigen wiederhergestellt hat, nicht intuitiv, sondern rationalistisch. Das Unterscheidende zu mir war von Anfang an, daß er am liebsten den Menschen aus dieser gefährlichen Verbindung mit dem Einen ganz gelöst hätte, während ich noch an dem an falscher Stelle Durchgesetzten, Krankhaften das Gewaltige spüre« (S. 219).

Das Wesentliche in einer Therapie habe für Lou Andreas-Salomé laut Welsch und Wiesner »im überindividuellen Erleben und im gemeinsamen Bewältigen der Störung« (1990, S. 324) gelegen und sie habe sich durch »volles Hinhalten des eigenen Unterbewußten« (Andreas-Salomé, 1990, S. 248) selbst eingebunden und beteiligt gesehen an dem therapeutischen Prozess. Sie sei einem eher »ganzheitlichen Ansatz« verpflichtet gewesen: »Dieses gleiche Schicksal der Seele ergibt für die zwei, an einer Analyse Beteiligten, eine Gemeinsamkeit einziger Art, die weder mit individuellen Bezogenheiten zu verwechseln ist, noch mit irgendwelcher Weichheit, wie sie etwa beim Helfer der Teilnahme, beim Analysanden dem Hilfsverlangen entspräche. Sie reicht also über jene ›Übertragungsphänomene‹ noch hinaus, die außeranalytisch sich ebenso ereignen können, oder aber an denen die Affektvergangenheit des Analysanden sich am Analytiker zu wiederholen und zu lösen hat. Ich meine hier die Gemeinsamkeit des Erlebnisses selber auf dem sonst unbetretbaren Boden des Unbewussten [...]. Das beiderseitige Niedersteigen in vielfaches Grauen, das beiderseitige Innewerden vom Einssein noch des Entwertetsten mit dem Wertvollsten in uns, das Abfallen von Kleinmut wie von Hochmut, vor einer letzten Unschuld und Verbundenheit des Seins Aller: das ist hier und nur hier erlebbar«. Heilung könne dementsprechend nur dort gelingen, »wo alle Gegensätze [...] in ihrer gemeinsamen Wurzel vereint« seien (Andreas-Salomé zitiert nach Welsch und Wiesner, 1990, S. 324 ff.).

Nicht also die Psychoanalyse als Methode an sich wirke heilend, sondern durch das wesenhafte und wesentliche des Einander-Begegnens und durch ein Miteinander-in-Beziehung-Treten. Die Art, wie Lou Andreas-Salomé ihre psychoanalytische Tätigkeit begriff, entsprach eher einem gemeinsamen therapeutischen Prozess, in dem die Vermittlung der tröstenden Teilhabe an dem Umfassenden durch ein mitfühlendes Miteinander-Sein stattfindet. Lou Andreas-Salomé praktizierte weniger eine klassische, deutende Analyse, die in einem analytischen Raum (dem der Psychoanalyse) stattfindet und nur den Kopf zu erreichen vermag, sondern ihr ging es um ein ein- und mitfühlendes, empathisches Miteinander-Sein in einem synthetisierenden Raum, einem Begegnungs- und Erlebnisraum, in dem emotionales Nachreifen möglich wird. Durch ein Gehen (oder Mitgehen) in die Innerlichkeit des Anderen und Teilhabe daran wird Verbindung zum Anderen, aber auch eine Verbindung des Anderen zu sich selbst geschaffen.

In diesem Sinne war Lou Andreas-Salomé mehr eine Psychotherapeutin im heutigen Sinne und unterschied sich auch darin von Freud, dem Pionier der Psychoanalyse: »Die Heimkehr zu sich vollzieht sich ihm [dem Menschen] als zu etwas, was wohl er ist, aber auch mehr ist als er; […]. Genesung ist eine Liebesaktion. Einkehr in sich wird erst Heimkehr im Gefühl eines Empfangenwerdens, Beschenktwerdens im Insgesamten; wird erst daran eigener Impuls zur Bestätigung, an Stelle des alten In-sich-Stecken-Bleibens und Ins-Leere-Gehens. Durch Psychoanalyse wurde ja nichts […] Ausgedachtes geschaffen, es wurde nur etwas aufgegraben, entdeckt, aufgedeckt, bis […] Zusammenhang sich uns lebendig bezeugen kann« (Andreas-Salomé, 1990, S. 254). Sie beschrieb es als »ein Doppelergebnis von Geben und Nehmen, indem das Forschungsziel nur erreichbar wird auf Grund eines Erlebens von Mensch zu Mensch« (S. 251).

Im Rilke'schen Sinne ausgedrückt hieße das, Verbindung und Begegnung herstellen durch ein Sich-Einlassen auf das, was da »zu Fühlung winkt« aus den Dingen – oder den Menschen.

Zusammenlaufende Fäden

»Man kann Lou Andreas-Salomé (die jetzt eine alte weise Frau ist) nicht eine ›Schülerin‹ Freud's nennen, wohl aber ist sie eine seiner ältesten Mitarbeiter. In ihrer merkwürdigen und persönlich entwickelten Geistigkeit haben seine [Freuds] bedeutenden Funde eine eigene Bedeutung angenommen, vielleicht die weiteste und gültigste, die ihnen zukommen wird und die gründlich hülfreichste zugleich«; so schrieb Rainer Maria Rilke in einem Brief vom 24. Mai 1924 an Marie von Thurn und Taxis (zitiert nach Welsch und Wiesner, 1990, S. 286 f.).

Ausgehend von einem ihr eigenen intuitiven Wissen um das, was sie »Urgrund« nannte, und einer »Grundempfindung unermeßlicher Schicksalsgenossenschaft mit allem, was ist« (Andreas-Salomé, 1996, S. 24), was einem Eingebundensein in alle Seinszusammenhänge und einer Verbundenheit mit allem Sein entsprach, und dem daraus entstehenden »Heimdrang in die Einheit mit allem, was ist« (S. 219), hatte Lou Andreas-Salomé zunächst durch ihre Beschäftigung mit Philosophie, Metaphysik und Religionswissenschaften im Rahmen ihres Studiums Antworten auf sie bewegende, tiefgreifende Lebens- und Daseinsfragen gesucht. Ihr zu eigen war, dass für sie ein Verstehen verknüpft war mit einer entsprechenden Erfahrung, und diese suchte und fand sie durch intensive Beziehungen zu Menschen und in Begegnungen mit vielen geistigen Größen ihrer Zeit. Mit den beiden befreundeten Philosophen Paul Rée und Friedrich Nietzsche plante sie als junge Frau gar eine Art philosophische Wohngemeinschaft. Dieses Vorhaben wurde aufgrund emotional-erotischer Verwicklungen seitens der beiden Männer jedoch aufgegeben.

Ihre Selbstverwirklichung suchte Lou Andreas-Salomé dann zu Beginn des 20. Jahrhunderts durch einen unkonventionell anmutenden Lebensstil aus Gebundenheit einerseits (Ehe mit dem Orientalisten F. C. Andreas, in der sie »dennoch die ehelichen [sexuellen] Beziehungen verweigerte«, zitiert nach Koepcke, 1986, S. 144) und einem ungebundenen Nomadenleben andererseits sowie durch ihre schriftstellerische Tätigkeit zu entwickeln.

Zutiefst berührt durch eine mehrjährige Liebesbeziehung mit Rainer Maria Rilke, in der sich Lou Andreas-Salomé zum ersten Mal auch auf eine Liebeserfahrung einlassen konnte, und bewegt durch das Erleben seiner tiefgründigen Seelenlandschaften, die wiederholt in schweren Depressionen und suizidalen Krisen Ausdruck fanden, war sie um 1911 auf die sich neu entwickelnde Wissenschaft der Psychoanalyse gestoßen.

Lou Andreas-Salomé absolvierte 1912/13 ein Studiensemester in Wien bei Sigmund Freud und wurde rasch von einer Schülerin zu seiner Vertrauten und Erstleserin seiner Schriften. Die Beziehung fand Ausdruck in einem umfassenden Briefwechsel. Ab 1913 war sie viele Jahre bis zu ihrem Tod als Analytikerin in Göttingen tätig.

Sigmund Freud gab ihr – neben einer sicheren (Über-)Vaterbeziehung – mit seinem sich entwickelnden theoretischem Konstrukt der Psychoanalyse, seinem »Funde«, den Lou Andreas-Salomé sehr schätzte, ein streng definiertes Gerüst sowie eine wissenschaftliche Terminologie, anders als die bisherigen metaphysischen, »philosophischen Ersatzerklärungen« (Welsch und Wiesner, 1990, S. 283), die Lou Andreas-Salomé zunehmend als unbefriedigend und unzureichend erlebt hatte. Somit war ein Rahmen geschaffen, den es zu füllen galt.

Lou Andreas-Salomé verfasste eigene theoretische Arbeiten, in denen sie sich in der ihr ganz eigenen Art nachdenklich, reflektierend und kritisch mit Freuds Gedanken und Thesen auseinandersetzte. Stets ausgehend von ihren persönlichen Erfahrungen war die Frage nach der Bedeutung und dem Einfluss von Beziehungen im Hinblick auf eigene (intra)psychische Entwicklungsmöglichkeiten das zentrale Thema ihres Lebens gewesen. In ihren Schriften beschäftigte sich Lou Andreas-Salomé primär mit den Themen Ödipalität und Narzissmus – ihrem »Spezialfimmel«, wie sie es selber einmal bezeichnet hatte (Andreas-Salomé, 1982, S. 123).

Ihre in der Schrift »Narzissmus als Doppelrichtung« (1990) beschriebene Narzissmusdefinition impliziert, dass es neben der von Freud beschriebenen aktiven Komponente des Narzissmus, der Bezugnahme der Libido auf sich selbst, auch eine passive Komponente gebe, die auf eine Verwurzelung des Ich im »Urgrund« abziele. Daraus ergibt sich ein Sehnsuchtsmotiv, ein Begehren, das als Verweis auf etwas zu verstehen ist, das psychisch – entsprechend ihrer Grundannahme des menschlichen Eingebundenseins in etwas Allumfassendes – zwar vorhanden, jedoch unbewusst und somit defizient ist.

Das von Lou Andreas-Salomé beschriebene Begehren erscheint somit als ein Ingrediens des Narzissmus im Hinblick auf die Frage nach Ergänzung, nämlich nach Wesensergänzung im Ringen um ein Vollständigwerden und Heilwerden des Menschen. Die damit verbundenen intrapsychischen Entwicklungsprozesse werden laut Lou Andreas-Salomé – neben einem auslösenden Sehnsuchtsmotiv – durch Eros als Integrationsfaktor vermittelt und werden realisiert in der Begegnung und durch die Beziehungen zwischen Menschen.

Dieses Begehren, das Ausdruck einer Sehnsucht ist, weist auf eine ganz andere Qualität als der Freud'sche Triebbegriff hin. Darin klingt an, was zum Beispiel Jean Laplanche im weiteren Verlauf des 20. Jahrhunderts in seiner »Allgemeinen Verführungstheorie« (1985/1988/1996) herauszuarbeiten versuchte, nach der sich der Mensch durch die Begegnung mit einem »fremden Anderen« konstituiere. Auch im Zusammenhang mit Kohuts Selbstpsychologie (1999), in Untersuchungen zur Bindungsforschung oder in der aktuellen Diskussion um Mentalisierungsprozesse (vgl. hierzu z. B. Bowlby bzw. Fonagy et al., 2006) finden sich Lou Andreas-Salomés Ansätze aufgegriffen in weiterführenden Gedanken im Hinblick auf eine Um- und Neubewertung des Freud'schen Triebbegriffs und der Bedeutung von Beziehung und Bindung im Hinblick auf menschliche Entwicklungsprozesse.

Die Begegnung mit Rainer Maria Rilke, dem Lou Andreas-Salomé nach einer mehrjährigen Liebesbeziehung bis zu seinem frühen Tod in enger freundschaftlicher Beziehung verbunden war, beeinflusste und prägte ihr Verständnis der Psychoanalyse fundamental. Dies gilt sowohl im Hinblick auf ihre theoretische Arbeit als auch in Bezug auf die praktische Umsetzung in ihrer Tätigkeit als Analytikerin.

Die Philosophie eines Innerlichkeitskosmos, die sich in der späten Lyrik Rainer Maria Rilkes findet, entsprach ihrem tief gefühlten intuitiven Wissen um eine allumfassende Einheit, eines Zusammenhangs allen Seins, einer Urverbundenheit – ihrem »Urgrund«.

Lou Andreas-Salomé konnte das Freud'sche Unbewusste als bloßes Reservoir für Verdrängtes (und somit potentiell Pathologisches) vor diesem Hintergrund nie akzeptieren. Ihre ganz eigenwilligen Ergänzungen der Freud'schen Gedankengänge sind nur vor dem Hintergrund ihrer Position zwischen Sigmund Freud und Rainer Maria Rilke verstehbar.

Sie nahm von beiden etwas auf, integrierte und gestaltete es in ihrer ganz eigenen Art, was einerseits Ausdruck fand in ihren qualitativen und zum Teil auch substanziellen Ergänzungen im Hinblick auf die Theoriebildung der Psychoanalyse, andererseits zeigte es sich in der sehr fortschrittlich anmutenden Weise, wie sie ihre therapeutische Arbeit begriff und gestaltete und womit sie eher einer Psychotherapeutin im heutigen Sinne entsprach.

Ausgehend von ihrem Urgrund-Erleben, was Lou Andreas-Salomé in höchster poetischer Vollendung im Spätwerk Rilkes ausgedrückt und bestätigt fand, bestand das eigentliche Verdienst ihres psychoanalytischen Werkes in dem beharrlichen Einfordern des Intuitiven und, wenn man so will, auch des Spirituellen als eine andere, aber unverzichtbare Dimension des Psychischen, die bei Freud zugunsten des Wissenschaftlichkeitsanspruchs, den er sich auferlegt hatte, zu kurz kam. Eine Dimension, derer man sich heute (z. B. im Rahmen der Psychotherapieforschung) langsam wieder zu besinnen scheint.

Darüber hinaus brachte sie als Zeitgenossin und Erstleserin seiner Schriften den notwendigen Grad an Unbefangenheit auf, eigenständig weiter zu denken, was, wenn man den zum Teil religiös anmutenden Umgang mit dem Freud'schen Werk im Verlauf des 20. Jahrhunderts mit oft entsprechender dogmatischer Ausprägung in manch einem psychoanalytischem Zirkel betrachtet, keineswegs selbstverständlich, im Gegenteil geradezu revolutionär und fortschrittlich erscheint.

Die von Freud als solche erlebte »empfindlichste Kränkung«, die durch die Psychoanalyse erfolge, dass das Ich »nicht einmal Herr im eigenen Haus [sei] sondern auf kärgliche Nachrichten angewiesen bleibt von dem, was unbewusst in seinem Seelenleben vorgeht«

(Freud, 1960, G. W., Bd. XI, S. 295), konnte Lou Andreas-Salomé nicht nachvollziehen. Sie teilte diesen Anspruch gar nicht.

Auf genauso unbefangene und neugierige Art und Weise, in Analogie zu ihren Plänen, mit Paul Rée und Friedrich Nietzsche eine Art philosophische »Kommune I« zu gründen, mit zwei Menschen, die beide nicht gerade zu den bequemsten Zeitgenossen zu rechnen waren und an Abgründigkeit und Unberechenbarkeit dem Freud'schen Es sicher in nichts nachstanden, so war sie bereit, sich auch auf die Mitbewohner im eigenen Haus, die Freud als »fremde Gäste« bezeichnet hatte, einzulassen (1960, G. W., Bd. XII, S. 9). Im Sinne ihres dialogischen Denkens ging es ihr immer um einen Austausch und eine Verbindung zwischen den verschiedenen Anteilen; ein Bestreben, was sich eben auch in ihrem Wirken in Beziehungen wiederfindet und ihren Mythos als Muse begründet haben mag.

Das Lebendige und Faszinierende, das sie ausstrahlte, scheint auch ihre Position als eine der ersten Frauen in dem sonst männlich dominierten Kreis um Freud begründet zu haben. Sichtbar wird dies auch auf einer Fotografie vom Dritten Internationalen Psychoanalytischen Kongress in Weimar 1911, auf dem Lou Andreas-Salomé im Kreise honoriger Herren (und weniger Damen) in der Mitte der ersten Reihe aufrecht sitzend, mit einer Pelzboa um die Schultern geschlungen und einem feinen Lächeln im Gesicht, den Blick des Betrachters auf sich zieht.

Sigmund Freud, der sich zugunsten der (Natur-)Wissenschaftlichkeit und der Methode in seinem Werk, wie er selbst einmal ausdrückte, »künstlich abgeblendet« hatte, im Hinblick auf eine mögliche weitere bzw. erweiterte Dimension des Psychischen, hatte durch seine Beziehung zu Lou Andreas-Salomé, die auf schillernde Weise durch ihr So-Sein eben dieses Mehr verkörperte, einen Anteil und eine Teilhabe daran.

Am 25. Mai 1916 schrieb er an sie: »Sie sind doch eine Versteherin par excellence, wozu kommt, dass Sie mehr und besser verstehen, als man Ihnen vorgelegt hat. Es macht mir immer einen besonderen Eindruck, wenn ich Ihre Äußerungen über eine meiner Arbeiten lese. Ich weiß, daß ich mich bei der Arbeit künstlich abgeblendet habe, um alles Licht auf die eine dunkle Stelle zu sammeln, auf Zusammenhang, Harmonie, Erhebung und alles, was Sie das Symbolische heißen, verzichtete […]. Dann kommen Sie und fügen das

Fehlende hinzu, bauen darüber auf, setzen das Isolierte wieder in seine Beziehungen ein. Nicht immer kann ich Ihnen folgen, denn meine für das Dunkel adaptierten Augen vertragen wahrscheinlich kein starkes Licht und keinen weiten Gesichtskreis. Doch bin ich nicht Maulwurf genug geworden, um mich nicht an der Ahnung des Helleren und Umfassenderen zu erfreuen, oder gar, um dessen Existenz zu verleugnen« (Freud und Andreas-Salomé, 1980, S. 50).

Und er sah seine Tochter Anna, die zur Gralshüterin erkoren und als Erbin und Bewahrerin seiner Lehre gedacht war, gern unter dem Einfluss von Lou Andreas-Salomé stehend. Anna Freud sollte sich denn auch im Verlauf ihres Lebens zunehmend vom Vater emanzipieren. In ihrer Arbeit beschäftigte sie sich vornehmlich mit Kinderanalysen und untersuchte den Einfluss und die Bedeutung von Bindung und Beziehungen insbesondere im Hinblick auf frühkindliche Entwicklungen.

Die beiden großen Denker zu Beginn des 20. Jahrhunderts – der philosophische Dichter Rainer Maria Rilke und der analytische Naturwissenschaftler Sigmund Freud – waren durch ihre jeweilige Beziehung zu Lou Andreas-Salomé auf eine ihnen unbekannte und dennoch sehr innige Weise miteinander verbunden.

Zwar stellte sich Rainer Maria Rilke mit der philosophischen Poesie seines Spätwerkes als geistiger Antipode zum naturwissenschaftlich orientierten Analytiker Freud dar. In ihrer Person gelang Lou Andreas-Salomé dennoch eine Verbindung zwischen dem theoretischen Konstrukt der Psychoanalyse Sigmund Freuds und dem Innerlichkeitskosmos des Weltinnenraums in der späten Lyrik Rainer Maria Rilkes.

Hierzu passt, dass Rilke in seiner Widmung des Bandes der Duineser Elegien, den er Lou Andreas-Salomé übergab, schrieb: »Für Lou, die es seit immer mit mir besitzt, dies nun endgültig Gestaltete: Rainer« (Rilke und Andreas-Salomé, 1989, S. 462). Lou Andreas-Salomé hatte ihn begleitet auf dem langen Weg, es gestaltend auszudrücken und eine Verbindung herzustellen zwischen dem – gefühlten – schon immer Vorhandenen und einem begreifbaren Ausdruck.

Appignanesi und Forrester bemerkten in diesem Zusammenhang gar eine »Verwandtschaft [Lou Andreas-Salomés] mit dem Engel in den Duineser Elegien, einem vollkommenen, auf narzisstische

Weise in sich ruhenden Wesen«, welches vermag, in Verbindung zu treten und Verbindungen herzustellen (1996, S. 347).

Betrachtet man ihr im Spiegel ihrer Seele entstandenes Werk, das sich vornehmlich durch ein Wirken ausdrückte, welches aus vielerlei Beziehungen gespeist wurde und in ebenso vielfältigen Beziehungen Ausdruck fand, könnte man sagen, dass Lou Andreas-Salomé eine katalytische Funktion hatte und in diesem Sinne nicht nur – wie Freud sie bezeichnet hatte – eine Versteherin, sondern auch eine Vermittlerin par excellence war. Mit der Strahlkraft ihrer Persönlichkeit vermochte sie es, Menschen in ihren Bann zu ziehen, und mit ihrer Inspirationskraft faszinierte sie als Muse Geistesgrößen ihrer Zeit.

Entscheidend ist jedoch, was in Lou Andreas-Salomés Leben das war, was sie zeitlebens gesucht hat: die Begegnung mit dem Anderen, die Sehnsucht nach dem Du, die Suche nach sich selbst, dem ganz Eigenen, was am Gegenüber erst wirklich zu werden vermag, um sich zu er*innern* und heimzukehren – zum Urgrund.

Schlussbemerkung

Das vorliegende Buch entwickelt einen Zugang zu dem – einem breiten Fachpublikum bisher weitgehend unbekannten – Werk der Psychoanalytikerin Lou Andreas-Salomé (1861–1937). Aufgrund der Verwobenheit von Leben und Werk werden ihre psychoanalytischen Texte, insbesondere zu den Themen Ödipalität und Narzissmus, mit einer hermeneutischen Methode vor dem Hintergrund einer Zusammenschau aus biographischen Elementen, sie prägenden Beziehungen und ihrem Wirken ausgewertet.

Lou Andreas-Salomé begegnete zu Beginn des 20. Jahrhunderts durch ihre jeweiligen Beziehungen zu Sigmund Freud und Rainer Maria Rilke zwei bedeutenden Protagonisten sehr unterschiedlicher Geistesströmungen zur Erforschung von subjektiven Innenwelten: der sich entwickelnden »neuen« Wissenschaft der Psychoanalyse Freuds und der Philosophie eines Innerlichkeitskosmos im Spätwerk Rilkes. Von beiden Strömungen zutiefst berührt, entwickelte Andreas-Salomé eine eigene Synthese. Anders als Freud, für den das Unbewusste als ein Reservoir für Verdrängtes und somit potentiell Pathologisches galt und für den das Es als nicht zu kontrollierende Instanz dem Ich die »Herrschaft im eigenen Haus« streitig machte, betrachtete Andreas-Salomé gerade diese Innen-Anteile als Quelle und Potential für Kreativität und persönliche Entwicklungsmöglichkeiten. Auch hinsichtlich des Triebbegriffs finden sich bei ihr qualitative Umbewertungen. Sie verstand den Trieb nicht als Drängendes, dem der Mensch quasi zwangsläufig ausgeliefert sei, sondern als ein Begehren im Sinne einer Sehnsucht, welches Veranlassung sei, zwischenmenschliche Begegnungen und Beziehungen einzugehen. Gerade hierdurch sah sie intrapsychische Entwicklungsprozesse induziert.

Lou Andreas-Salomé ist nicht nur als eine Schülerin und Wegbegleiterin Freuds, sondern als eine *Weiterdenkerin* zu betrachten. Ihre Gedanken hinsichtlich der Bedeutung von Beziehung und Bindung im Rahmen psychischer Entwicklungsprozesse und ihr Einfordern des Intuitiven und Spirituellen als einer erweiterten Dimension des Psychischen finden sich aufgegriffen in aktuellen Untersuchungen zur Bindungsforschung, in der Psychotherapieforschung oder in der Diskussion um Mentalisierungsprozesse.

Quellen

Literaturverzeichnis

Andreas-Salomé, L. (1958). In der Schule bei Freud. Tagebuch eines Jahres – 1912/1913. Zürich: Max Niehans.

Andreas-Salomé, L. (1982). Eintragungen. Letzte Jahre. Frankfurt a. M.: Insel.

Andreas-Salomé, L. (1990). Das »zweideutige« Lächeln der Erotik. Texte zur Psychoanalyse. Hrsg. von I. Weber und B. Rempp. Freiburg i. Br.: Kore.

Andreas-Salomé, L. (1992). Die Erotik. Vier Aufsätze. Berlin: Ullstein.

Andreas-Salomé, L. (1996). Lebensrückblick. Grundriß einiger Lebenserinnerungen. Aus dem Nachlass herausgegeben von Ernst Pfeiffer. Frankfurt a. M.: Insel.

Andreas-Salomé, L. (2000). Friedrich Nietzsche in seinen Werken. Frankfurt a. M.: Insel.

Andreas-Salomé, L., Freud, A. (2001). »… als käm ich heim zu Vater und Schwester«. Briefwechsel 1919–1937. 2 Bände. Hrsg. von D. A. Rothe und I. Weber. Göttingen: Wallstein.

Appignanesi, L., Forrester, J. (1996). Die Frauen Sigmund Freuds. München: dtv.

Blankenburg, W. (1986). Biographie und Krankheit. In K.-E. Bühler (Hrsg.), Zeitlichkeit als psychologisches Prinzip. Über Grundfragen der Biographie-Forschung. Köln: Janus-Presse.

Buber, M. (2006). Ich und Du. In: Das Dialogische Prinzip (10. Auflage). Gütersloh: Lambert Schneider/Gütersloher Verlagshaus.

Emrich, H. M. (2004). Medialität und Vermittlung im Hinblick auf die späte Lyrik Rainer Maria Rilkes. KHM Köln. Unveröffentlichtes Vorlesungsmanuskript.

Emrich, H. M. (2007). Das Ich als Weltinnenraum. Vorlesung im Institut für Psychotherapeutische Aus- und Weiterbildung der Medizinischen Hochschule Hannover. Unveröffentlichtes Vorlesungsmanuskript.

Fonagy, P. (2006). Bindungstheorie und Psychoanalyse. 2. Auflage. Stuttgart: Klett-Cotta.

Fonagy, P., Gergely, G., Jurist, E. L., Target, M. (2006). Affektregulierung, Mentalisierung und die Entwicklung des Selbst (2. Auflage). Stuttgart: Klett-Cotta.

Freud, S., Andreas-Salomé, L. (1980). Briefwechsel. Hrsg. von E. Pfeiffer (2. Auflage). Frankfurt a. M.: S. Fischer.

Freud, S. (1960). Gesammelte Werke in 18 Bänden. Frankfurt a. M.: S. Fischer.

Gaiser, K. (1968). Platons ungeschriebene Lehre (2. Auflage). Stuttgart: Ernst Klett.

Gay, P. (1989, 2000). Freud. Eine Biographie für unsere Zeit. Frankfurt a. M.: S. Fischer.

Holthusen, H. G. (2003). Rainer Maria Rilke mit Selbstzeugnissen und Bilddokumenten. Reinbek: Rowohlt.

Jones, E. (1962). Das Leben und Werk Sigmund Freuds. 3 Bde. Bern u. Stuttgart: Huber.

Koepcke, C. (1986). Lou Andreas-Salomé. Eine Biographie. Frankfurt a. M.: Insel.

Kohut, H. (1999). Die Heilung des Selbst (7. Auflage). Frankfurt a. M.: Suhrkamp.

Kohut, H. (2000). Narzissmus. Frankfurt a. M.: Suhrkamp.

Laplanche, J. (1985). Leben und Tod in der Psychoanalyse. Frankfurt a. M.: Nexus.

Laplanche, J. (1988): Die allgemeine Verführungstheorie. Frankfurt a. M.: Fischer-Taschenbuch-Verlag.

Laplanche, J. (1996). Die unvollendete kopernikanische Revolution in der Psychoanalyse. Frankfurt a. M.: Fischer-Taschenbuch-Verlag.

Laplanche, J., Pontalis, J.-B. (1999). Das Vokabular der Psychoanalyse. Frankfurt a. M.: Suhrkamp.

Leprohon, P. (1990). Vincent van Gogh. Genie und Wahnsinn. München: Heyne.

Lohmann, H.-M. (1998). Sigmund Freud. Reinbek: Rowohlt.

Nagera, H. (1998). Psychoanalytische Grundbegriffe. Eine Einführung in Sigmund Freuds Terminologie und Theoriebildung. Frankfurt a. M.: Fischer-Taschenbuch-Verlag.

Nietzsche, F. (1883–1885/1960). Also sprach Zarathustra. Stuttgart: Alfred Kröner.

Nietzsche, F. (1975). Briefwechsel. Kritische Gesamtausgabe. Hrsg. von G. Colli und M. Montinari. Berlin u. New York: de Gruyter.

Nitzschke, B. (1988). Sexualität und Männlichkeit. Reinbek: Rowohlt.

Nizon, P. (1985). Van Gogh in seinen Briefen. Frankfurt a. M.: Insel.

Peters, H. F. (1964). Lou. Das Leben der Lou Andreas-Salomé. München: Kindler.

Pfeiffer, E. (1970). F. Nietzsche/L. v. Salomé/P. Rée. Die Dokumente ihrer Begegnung. Frankfurt a. M.: Insel.

Rilke, R. M. (1974/1922). Der Brief des jungen Arbeiters. Aus den kleinen Schriften 1906–1926. Frankfurt a. M.: Suhrkamp.

Rilke, R. M. (1899/1989). Das Stundenbuch. Frankfurt a. M.: Insel.

Rilke, R. M. (1998). Die Gedichte. Frankfurt a. M.: Insel.

Rilke, R. M., Andreas-Salomé, L. (1989). Briefwechsel 1897–1926. Hrsg. von E. Pfeiffer. Frankfurt a. M.: Insel.
Welsch, U., Wiesner, M. (1990). Lou Andreas-Salomé. Vom Lebensurgrund zur Psychoanalyse. München u. Wien: Verlag Internationale Psychoanalyse.
Yalom, I. D. (1994). Und Nietzsche weinte. Hamburg: Ernst Kabel.

Werkverzeichnis Lou Andreas-Salomé[21]

Im Kampf um Gott (1885). Leipzig: Verlag Wilhelm Friedrich (erschienen unter dem Pseudonym Henri Lou).
Henrik Ibsens Frauengestalten (1892). Berlin, 1906 (2. Auflage).
Friedrich Nietzsche in seinen Werken (1894). Wien: Carl Konegen/Frankfurt a. M.: Insel Verlag 1983/2000.
Ruth (1895). Stuttgart: J. G. Cotta'sche Verlagsbuchhandlung 1897 (2. Auflage).
Aus fremder Seele (1896). Eine Spätherbstgeschichte. Stuttgart: J. G. Cotta'sche Verlagsbuchhandlung.
Fenitschka. Eine Ausschweifung (1898). Stuttgart: J. G. Cotta'sche Verlagsbuchhandlung/Frankfurt a. M.: Ullstein, 1983/1993.
Menschenkinder. Novellensammlung (1898). Stuttgart: J. G. Cotta'sche Verlagsbuchhandlung, 1902 (3. Auflage).
Ma. Ein Porträt (1901). Stuttgart: J. G. Cotta'sche Verlagsbuchhandlung 1921/ Frankfurt a. M.: Ullstein, 1996.
Im Zwischenland. Fünf Geschichten aus dem Seelenleben halbwüchsiger Mädchen (1902). Stuttgart: J. G. Cotta'sche Verlagsbuchhandlung (2. Auflage). (Die Titelgeschichte wurde auch gesondert editiert: Im Zwischenland. Roman. Leipzig: Albert Boemier Verlag, o. J./1930).
Die Erotik (1910). Frankfurt a. M.: Rütten & Loening (= Die Gesellschaft, Bd. 33. Hrsg. von Martin Buber)/München: Matthes & Seitz, 1979/Frankfurt a. M.: Ullstein, 1985 (enthält auch die Essays »Der Mensch als Weib«, »Gedanken über das Liebesproblem«, »Psychosexualität«).
Drei Briefe an einen Knaben (1917). Leipzig. Kurt Wolff Verlag.
Das Haus. Eine Familiengeschichte vom Ende des vorigen Jahrhunderts (1919). Berlin: Ullstein 1921 (2. Auflage)/Mit einem Nachwort von Sabina Streiter. Frankfurt a. M. u. Berlin: Ullstein, 1987.
Die Stunde ohne Gott und andere Kindergeschichten (1922). Jena: Eugen Diederichs.

21 Aktualisiert auf der Grundlage des Werkverzeichnisses in: Welsch und Wiesner, 1990, S. 494 ff.

Der Teufel und seine Großmutter (1922). Jena: Eugen Diederichs.

Ródinka. Eine russische Erinnerung (1923). Jena: Eugen Diederichs/Frankfurt a. M. u. Berlin: Ullstein, 1985.

Rainer Maria Rilke (1928). Leipzig: Insel, 1929 (2. Auflage). Mit Fotografien der Erstausgabe. Hrsg. von E. Pfeiffer. Frankfurt a. M.: Insel, 1988.

Mein Dank an Freud (1931). Wien: Internationaler Psychoanalytischer Verlag (enthalten in: Das »zweideutige« Lächeln der Erotik. Texte zur Psychoanalyse. Hrsg. von I. Weber und B. Rempp, 1989/1990, Freiburg: Kore, Verlag Traute Hensch).

Lebensrückblick. Grundriß einiger Lebenserinnerungen (1951). Aus dem Nachlaß hrsg. von E. Pfeiffer. Zürich: Max Niehans/Frankfurt a. M.: Insel, 1996.

Rainer Maria Rilke. Lou Andreas-Salomé (1952/1989). Briefwechsel. Hrsg. von E. Pfeiffer Frankfurt a. M.: Insel.

In der Schule bei Freud. Tagebuch eines Jahres. 1912/13 (1958). Hrsg. von E. Pfeiffer. Zürich: Max Niehans/Frankfurt a. M. u. Berlin: Ullstein, 1983 (die Ausgabe in der Reihe »Geist und Psyche«, München: Kindler 1965, enthält zusätzlich die Aufzeichnung »Die Büste«, die sich auf P. Bjerre bezieht).

Sigmund Freud. Lou Andreas-Salomé. Briefwechsel. Hrsg. von E. Pfeiffer (1966/1980). Frankfurt a. M.: Fischer.

Friedrich Nietzsche. Paul Rée. Lou v. Salomé. Die Dokumente ihrer Begegnung (1970). Hrsg. von E. Pfeiffer. Frankfurt a. M.: Insel.

Amor. Jutta. Die Tarnkappe. Drei Dichtungen (1981). Hrsg. von E. Pfeiffer. Frankfurt: Insel.

Eintragungen. Letzte Jahre (1982). Hrsg. von E. Pfeiffer. Frankfurt a. M.: Insel.

Das »zweideutige« Lächeln der Erotik. Texte zur Psychoanalyse (1989/1990). Hrsg. von Inge Weber und Brigitte Rempp. Freiburg. Kore, Verlag Traute Hensch.